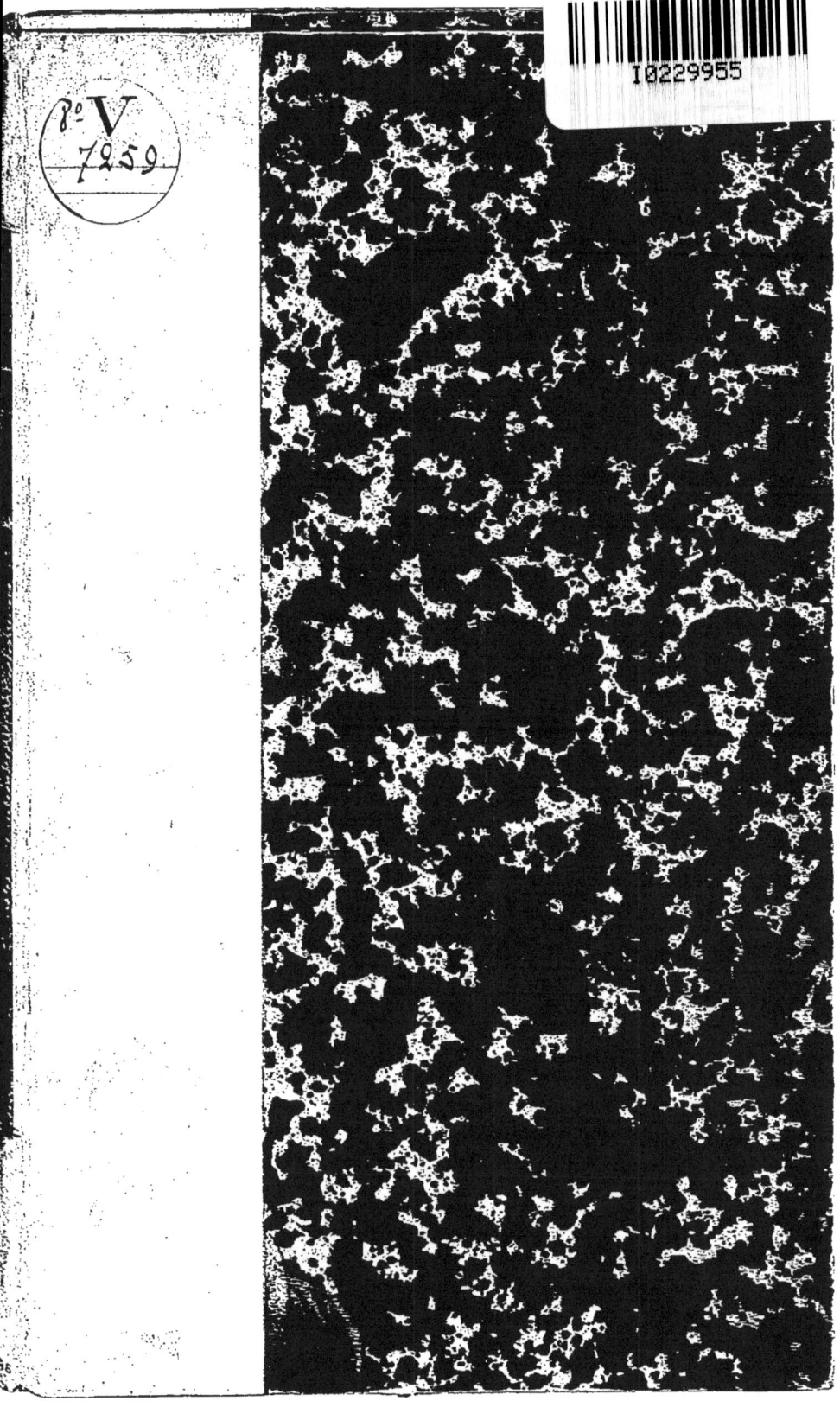

LA SCIENCE
DU
MOUVEMENT

ET LES
INNOVATIONS PROPOSÉES POUR L'AMÉLIORATION
DE
L'ENSEIGNEMENT DE LA GYMNASTIQUE

PAR

ALEXIS DIDACUS

PROFESSEUR DE GYMNASTIQUE A L'ÉCOLE NORMALE, A L'ÉCOLE MOYENNE
ET A L'ATHÉNÉE ROYAL DE VIRTON

BRUXELLES
A. MANCEAUX, LIBRAIRE-ÉDITEUR,
IMPRIMEUR DE L'ACADÉMIE ROYALE DE MÉDECINE DE BELGIQUE
Rue des Trois-Têtes, 12 (Montagne de la Cour).

1884

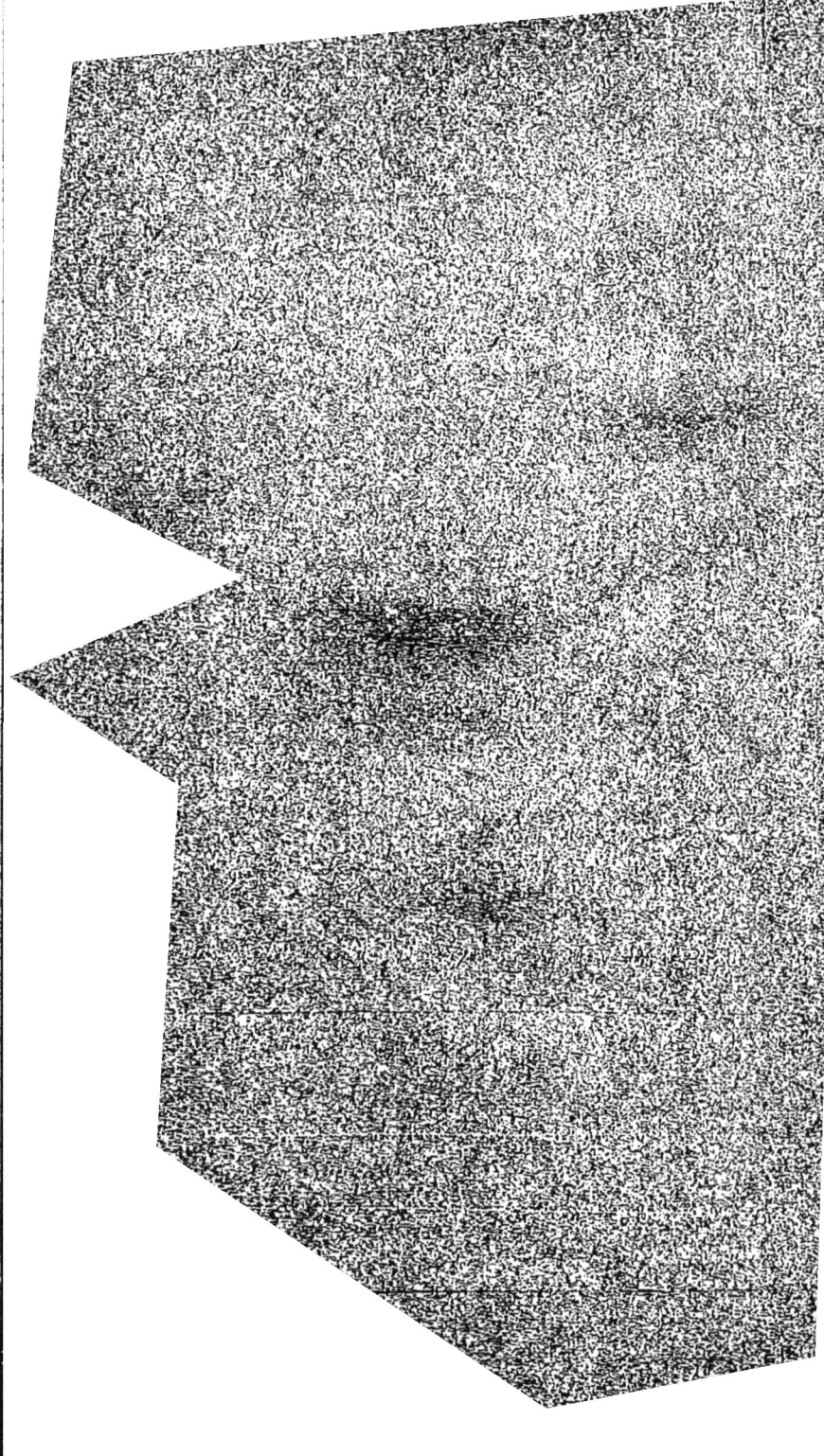

LA SCIENCE DU MOUVEMENT

ET LES INNOVATIONS PROPOSÉES

Pour l'Amélioration de l'Enseignement de la Gymnastique

———

Nota. — Cet ouvrage est une annexe à mon Traité de Gymnastique rationnelle et méthodique basée sur le jeu régulier des articulations.

———

Les formalités exigées par la Loi pour en assurer la propriété ont été remplies.

Tous les exemplaires portent la signature de l'auteur.

LA SCIENCE

DU

MOUVEMENT

ET LES

INNOVATIONS PROPOSÉES POUR L'AMÉLIORATION

DE

L'ENSEIGNEMENT DE LA GYMNASTIQUE

PAR

Alexis DIDACUS

Professeur de Gymnastique a l'École Normale, a l'École Moyenne
et a l'Athénée Royal de Virton

BRUXELLES
A. MANCEAUX, LIBRAIRE-ÉDITEUR,
IMPRIMEUR DE L'ACADÉMIE ROYALE DE MÉDECINE DE BELGIQUE
Rue des Trois-Têtes, 12 (Montagne de la Cour).

1884

BUT DE L'OUVRAGE.

Pour rendre l'enseignement de la gymnastique rationnel et méthodique, il importe d'avoir dans la classification des exercices une base incontestable, un point de départ indiscutable.

Je crois avoir atteint ce but :

1° En faisant reposer ma méthode sur le « jeu régulier des articulations. »

2° En classant mes exercices par articulation. — Voir Deuxième partie, chapitre Ier. Tableau synoptique des mouvements du corps humain basés sur le jeu régulier des articulations mobiles, qui démontre la base immuable dictée par la nature.

3° En donnant à chaque articulation les mouvements nécessaires à son entier développement et à l'entretien des formes régulières des extrémités articulaires.

4° En donnant pour l'exécution de chaque mouvement des commandements clairs et précis.

5° En prescrivant des principes compréhensibles pour le plus jeune exécutant.

6° En passant pour chaque catégorie de mouvements du simple au composé et enfin au général.

7° En classant les différents exercices par leçons ou par séries, d'après le genre du mouvement et sa difficulté d'exécution.

8° En prescrivant des règles générales qui en facilitent l'étude, et en donnant à la mémoire l'uniformité pour gouverne.

9° En donnant enfin à cet enseignement une base scientifique et raisonnée. Ce qui permettra au professeur de gymnastique d'obtenir de son élève, par le commandement, l'exécution correcte d'un mouvement; comme tout autre professeur obtient par la question, une réponse de grammaire, d'arithmétique, de géographie, d'histoire, et par l'exposé la solution d'un problème, d'un théorème.

DISTRIBUTION DE L'OUVRAGE.

La Gymnastique.
Anatomie et physiologie.

PREMIÈRE PARTIE.

Chapitre Ier. — Étude des os "*ostéologie.*"
              Division du squelette.
              Division des articulations.
Chapitre II. — Étude des ligaments "*syndesmologie.*"
              Division des articulations mobiles.
              Étude des formes articulaires.
              Classification des articulations.
              Répartition des articulations.
Chapitre III. — Étude des muscles "*myologie.*"
              Disposition et action des principaux muscles.
Chapitre IV. — Étude des aponévroses.
Chapitre V. — Étude des nerfs "*névrologie.*"
Chapitre VI. — Étude des organes de la vie végétative :
              La digestion.
              La respiration.
              Les sécrétions.
Chapitre VII. — Étude de l'appareil circulatoire : le cœur, les artères, les veines et les conduits lymphatiques "*angéologie.*"
              La circulation.
Chapitre VIII. — Assimilation.
Chapitre IX. — Description succincte des sens "*esthésiologie :*"
              le tact, la gustation, l'olfaction, l'audition et la vision.
Chapitre X. — La voix.

DEUXIÈME PARTIE.

A. — Tableau synoptique des mouvements du corps humain basés sur le jeu régulier des articulations.
B. — Gymnase mobile breveté.
C. — Corde ascendante et descendante, brevetée.
D. — Ceinture abdominale.
E. — Costume pour gymnaste.
F. — Dynamomètre pour mesurer la force de traction et la force de pulsion.
G. — Plan d'un gymnase type avec définition et description.
H. — Appareils, description, construction.
I. — Portique, définition, description.
J. — Table des matières.

LA GYMNASTIQUE.

La Gymnastique est la science du mouvement. Le mouvement, c'est la vie.

La vie se manifeste donc par l'action des organes du corps, c'est-à-dire par les parties, par les pièces ou par les instruments qui le composent.

Il y a deux sortes de mouvements : les mouvements volontaires, et les mouvements involontaires ou réflexes.

Les mouvements volontaires se font par le concours de deux éléments, l'un qui commande et l'autre qui obéit.

L'élément qui commande est la volonté.

La volonté est l'action principale du système cérébro-spinal, elle a son siège dans le cerveau. (Voir *le système nerveux*.)

Cette action du cerveau sur tout l'organisme par l'intermédiaire du système nerveux, est excitée par des impressions et des sensations intérieures, qui se manifestent avec plus ou moins de force, de fermeté ou d'énergie, ou bien de faiblesse ou d'apathie. Ces nuances de manifestations dépendent des facultés intellectuelles; elles sont aussi sous la dépendance de l'éducation de l'individu et des habitudes contractées qui peuvent exercer sur son caractère des influences bonnes ou mauvaises.

L'élément qui obéit à la volonté et qui communique l'influence du système nerveux à tout l'organisme, est le système musculaire. (Voir *le système musculaire*.)

Les muscles sont donc les organes moteurs. Chaque muscle reçoit un nerf à l'autorité duquel il est soumis, et détermine les mouvements en agissant sur les organes qui lui servent d'attaches. (Voir *le système osseux*.)

Ces principaux organes, qui sont mis en mouvement par les muscles, sont les os qui constituent l'ingénieuse charpente du corps humain.

Ces différentes pièces, ces instruments dont je parlais tantôt, sont les organes passifs du mouvement.

Le principe nourricier, reconstituant, vivifiant de tout l'organisme, la source et l'aliment de toutes les humeurs : urine, salive, bile, larmes, etc., est le sang.

C'est par la circulation que le sang est réparti dans toutes les parties du corps, pour réparer leurs pertes, les reconstituer, les fortifier. (Voir *les phénomènes de la circulation*.)

Le sang est donc incontestablement le principe de la vie ; en voici une preuve : une personne qui perd du sang à la suite d'un accident quelconque (lésion d'un conduit sanguin) s'aperçoit vite que ses forces diminuent, s'affaiblissent, que les mouvements perdent de leur énergie; qu'ils deviennent lourds, pesants, et qu'ils finiraient par devenir impossibles pour toutes les parties du corps, et enfin pour le cœur lui-même. La mort est bien la preuve évidente de la vitalité du sang.

La contraction musculaire attire le sang dans les parties du corps; le membre en repos ne reçoit que la circulation ordinaire. Mais l'action énergique, étendue, donnée à un membre ou à un groupe de muscles attire un afflux de sang plus ou moins considérable qui vient développer et fortifier ces muscles actifs et apporte ses bienfaits reconstituants et réparateurs aux organes que ces muscles vigilants recouvrent, ainsi qu'aux tissus qui les entourent même au détriment des parties qui restent dans l'inaction.

On s'explique ainsi la force des bras chez le scieur de long;

le développement de la jambe droite chez l'escrimeur ; des deux jambes du danseur ; de toutes les parties chez le gymnasiarque, et pour tous la force disproportionnée du côté droit, due à l'habitude préjudiciable généralement répandue d'accorder une préférence à la main droite, est une preuve des plus convaincantes de l'efficacité du travail musculaire sur le développement de ces organes moteurs.

Le sang affluant dans les parties qu'un travail mécanique y attire, fortifie ces mêmes parties. Ces marchandes de lait, ces maraîchères, ces messagères de certains pays, accoutumées à porter sur la tête des fardeaux considérables, ont le cou très développé, les muscles plus forts, plus saillants, qu'un homme réputé d'une certaine force. Les bûcherons, les forgerons, les boulangers n'ont-ils pas les bras plus charnus que les hommes qui ne sont pas habitués, par leur profession, à exercer ces membres? C'est pourquoi aussi les hommes de cabinet ou à vie sédentaire sont généralement peu musculeux.

ANATOMIE ET PHYSIOLOGIE.

L'anatomie nous fait connaître la conformation du corps humain; elle nous donne la description des organes; elle nous apprend leur configuration extérieure et nous montre leur structure. Cette science comprend donc :
1° L'étude des os qui constituent le squelette (ostéologie);
2° L'étude des ligaments qui unissent les os entre eux (la syndesmologie);
3° Les muscles destinés à mettre les os en mouvement (la myologie);
4° Les aponévroses, membranes minces qui servent à envelopper les muscles et à recouvrir les articulations;
5° Elle s'occupe des nerfs, elle fait connaître l'influence qu'ils exercent sur les fonctions (la névrologie);
6° Elle fait aussi connaître les organes contenus dans les cavités thoracique et abdominale qui coopèrent aux fonctions de la vie nutritive : digestion, respiration (la splanchnologie);
7° Elle nous montre l'appareil circulatoire, c'est-à-dire le cœur, les artères, les veines et les conduits lymphatiques (l'angéologie);
8° Enfin, cette science nous décrit les sens (l'esthésiologie).

La physiologie est la science de la vie; elle nous apprend les fonctions des organes décrits par l'anatomie et elle nous indique les rapports que les différents organes ont entre eux.

PREMIÈRE PARTIE.

CHAPITRE Ier.

ÉTUDE DES OS (OSTÉOLOGIE).

Système osseux comme base de l'appareil du mouvement.

Les os ([1]) sont des organes blancs, durs, qui forment la charpente du corps humain (le squelette).

Division des os. — On divise les os du squelette en trois espèces :

1° Les os longs, qui ont une longueur variable mais présentent généralement un corps cylindrique allongé ou aminci, muni d'un canal médullaire ([2]) et deux extrémités « épiphyses » plus ou moins renflées. Tels sont : le fémur, l'humérus, le tibia, les phalanges des doigts, etc.;

2° Les os larges, ou plats qui sont formés de deux lames compactes (tables externes et internes) séparées par une substance spongieuse. Tels sont les os du crâne, omoplate, coxal, (ou os iliaque).

3° Les os courts, ou de petites dimensions, formés de substances spongieuses et recouverts de tissus compactes, tels sont : le calcanéum (ou talon), l'astragale, petit os de forme

---

([1]) Les os sont formés d'une matière gélatineuse (colle-forte) de lamelles très dures d'une matière pierreuse composée de chaux et d'acide. Les os sont entourés d'une membrane (le péryoste).

([2]) *Canal médullaire* est un canal longitudinal dans lequel se trouve une matière grasse nommée moelle. Ce canal et la moelle que les os renferment diminuent leur poids sans altérer leur solidité.

cubique situé sur l'os du talon, la rotule qui forme le genou à sa partie antérieure, l'os hyoïde placé à la partie antérieure et supérieure de la région cervicale qui forme le squelette du cou.

Division du squelette.

Le squelette. — La charpente du corps humain se divise en trois parties : la tête, le tronc et les membres (supérieurs et inférieurs).

1° *La tête.* — On distingue dans la tête le crâne et la face.

A. Le crâne est la partie supérieure et postérieure de la tête qui renferme l'encéphale, c'est-à-dire l'ensemble des centres nerveux (le cerveau, le cervelet et le bulbe rachidien). (*Voir le système cérébro-spinal.*) C'est une boîte osseuse de forme ovalaire composée de huit os, dont quatre sont impairs et symétriques : le frontal, l'ethmoïde, le sphénoïde et l'occipital ; les deux autres sont pairs et disposés symétriquement des deux côtés de la tête, ce sont les temporaux et les pariétaux.

B. La face, partie de la tête située en avant et au-dessous du crâne, composée de quatorze os. Ces os sont : 1° le maxillaire inférieur disposé en fer à cheval et qui forme seul la mâchoire inférieure ; 2° les maxillaires supérieurs tous pairs et symétriquement disposés ; 3° les os des pommettes (malaires) formant la partie la plus saillante des joues ; 4° les palatins ou os du palais qui se joignent au sphénoïde ; 5° les os du nez ; 6° les os unguis (ou lacrimaux) à l'angle interne de l'œil ; 7° le vomer qui partage en deux la cavité des fosses nasales ; 8° les cornets inférieurs des fosses nasales.

L'os hyoïde, de la forme d'un V, placé à la partie supérieure du cou, où il soutient le larynx, est aussi compris dans les os du crâne.

La face présente aussi cinq grandes cavités qui sont destinées à loger les organes des sens, vue, odorat et goût, savoir : les fosses orbitaires pour la vue ; les fosses nasales pour l'olfaction et la bouche pour la gustation.

2° Le tronc se divise en deux parties : *a)* la partie supérieure forme la poitrine, c'est la cage thoracique ; *b)* La partie inférieure forme l'abdomen ou le ventre, c'est la portion abdominale.

A. La cage thoracique occupe la partie supérieure du tronc et forme la cavité de la poitrine.

Le thorax, ou cavité thoracique, est formé par les côtes sur les côtés ; la colonne vertébrale en arrière ; le sternum en avant, la clavicule et le cou en haut. Elle est séparée de la cavité abdominale par le diaphragme.

Cette cavité thoracique renferme les poumons et le cœur, organes essentiels de la respiration et de la circulation.

1° Les côtes sont des os plats et longs, elles constituent des arcs osseux, flexibles, élastiques qui forment une cage osseuse, dite cage thoracique.

Toutes les côtes au nombre de douze paires aboutissent à la colonne vertébrale et aux douze vertèbres dorsales.

On les divise en vraies côtes et en fausses côtes. Les premières, au nombre de sept paires, sont encore appelées côtes sternales parce qu'elles s'articulent avec le sternum par cartilage [1]. Les trois suivantes qui n'aboutissent pas au sternum, sont des côtes asternales. Les deux dernières sont les côtes flottantes ; parce que leur extrémité cartilagineuse se perd dans les parois de l'abdomen.

Les côtes sont désignées sous les noms de première, deuxième, troisième et enfin douzième côte, en comptant de haut en bas.

2° La colonne vertébrale est une tige osseuse qui occupe le milieu de la partie postérieure du tronc, elle en forme l'axe, soutient la tête et repose sur l'os iliaque (bassin).

Elle est composée de trente-trois pièces juxtaposées appelées vertèbres [2] qui se ressemblent à peu près.

---

[1] *Cartilage,* tissu solide moins dur que l'os, élastique, flexible, blanc bleuâtre ou jaunâtre.

[2] *Vertèbre,* nom des os qui forment la colonne vertébrale.

On divise la colonne vertébrale en quatre régions : la première région, dite cervicale, comprend les sept premières cervicales rapprochées du cervelet ; la deuxième, dorsale, est formée des douze vertèbres auxquels viennent aboutir les côtes ; la troisième région, lombaire, est composée des cinq vertèbres suivantes, placées à hauteur des lombes : les reins, et la quatrième région coccygienne ou sacrée est formée de neuf pièces soudée entre elles : sacrum (1) et coccyx (2).

3° Le Sternum est un os plat qui occupe le milieu de la partie antérieure du thorax (ou poitrine), il forme en avant du corps une colonne analogue à celle que forment les vertèbres en arrière. C'est à cet os que viennent aboutir les sept premières paires de côtes (ou vraies côtes, sternales).

4° La clavicule est un os pair, de quinze centimètres de long, formant de chaque côté la partie antérieure de la ceinture osseuse de l'épaule et du haut de la poitrine, articulé en dedans avec le sternum, en dehors avec l'omoplate. Cet os sert d'arc-boutant entre le thorax et l'épaule.

5° L'omoplate est un os pair, plat, situé à la partie postérieure de l'épaule, articulé avec la clavicule et avec l'humérus. Il est triangulaire et présente deux faces dont l'une antérieure, encore appelée fosse sous-cappulaire, est légèrement concave. La face postérieure de cet os est divisée par une apophyse horizontale (épine de l'omoplate) en deux parties, la fosse sus-épineuse et la fosse sous-épineuse. A sa partie supérieure l'épine de l'omoplate se tord sur elle-même et s'élargit pour se porter en haut et en dehors, en formant l'acromion. L'acromion offre une face supérieure concave qui affleure sous la peau au niveau de l'épaule, présentant une facette qui reçoit

---

(1) *Sacrum*, os formé de cinq fausses vertèbres, constitue la partie postérieure du bassin et fait suite à la colonne vertébrale.

(2) *Coccyx*, petit os impair formé des quatre fausses vertèbres souvent soudées entre elles, articulé par sa base avec le sacrum dont il continue la direction.

l'extrémité de la clavicule. Le bord supérieur est entaillé à sa partie externe d'une échancrure (sus-scapulaire) et plus en dehors, il porte l'apophyse coracoïde (¹). Le bord externe de l'omoplate est épais et offre une surface articulaire excavée, ovalaire à grand diamètre oval. C'est la cavité glénoïde, celle-ci est supportée par une portion rétrécie, le col de l'omoplate et reçoit la tête de l'humérus.

6° Le cou (synonyme col), partie qui relie la tête au tronc. La charpente du cou est constituée par les vertèbres cervicales qui en forment l'axe. C'est à la partie antérieure de cette région cervicale que se trouve le petit os hyoïde qui n'est pas relié directement au squelette.

7° Le diaphragme est un muscle large qui sépare la cavité thoracique de la cavité abdominale.

b. La portion abdominale comprend les viscères de l'abdomen et est formée par le bassin.

Le bassin est le contour osseux de cette partie inférieure du tronc qui sert à soutenir les organes du ventre et à articuler les membres inférieurs.

Le bassin est formé de quatre os : les deux os iliaques (ou os de la hanche) qui en forment les parois antérieures et latérales. Ces os se réunissent derrière au sacrum et au coccyx (quatrième région de la colonne vertébrale).

A. *Les deux os iliaques.* — L'os coxal (ou iliaque) est pair, quadrilatère comme tordu sur lui-même, est uni au sacrum par les ailons de cet os. Ces deux os iliaques se réunissent par devant, et ce point de jonction s'appelle symphyse du pubis (ou pubienne).

L'os coxal présente la partie supérieure ilion (²) et la partie inférieure ischion (³). Le bassin, dans son ensemble, présente au bord

---

(¹) Coracoïde, apophyse de l'omoplate; signifie ressemble au bec d'un corbeau. Diaphragme, je sépare. Voir le système musculaire.

(²) *Ilion.* — Partie supérieure de l'os coxal ou iliaque.

(³) *Ischion.* — Partie inférieure de l'os coxal ou iliaque.

inférieur la grande échancrure sciatique. A la partie antérieure de la face externe de l'os iliaque existe une cavité arrondie, la cavité cotyloïde (¹), dans laquelle s'emboîte la tête du fémur ; un peu en avant et au-dessous de cette cavité est le trou sous-pubien ou obturateur.

Les membres.

Il y a deux paires de membres :
1° Les membres supérieurs (ou thoraciques) ;
2° Les membres inférieurs (ou abdominaux).

A. Les membres supérieurs comprennent : l'épaule, le bras, l'avant-bras, le poignet (ou le carpe) et la main.

1° L'épaule est formée de deux os et complétée par l'extrémité articulaire d'un troisième.

Ces os sont : l'omoplate, la clavicule et l'extrémité supérieure de l'humérus ou tête humérale.

a. L'homoplate est un os plat qui occupe la partie postérieure de l'épaule (voir *cage thoracique*).

b. La clavicule est un os long et grêle placé à la partie antérieure et supérieure de la poitrine, et qui sert d'arc-boutant entre le sternum et l'omoplate auxquels il s'articule par ses extrémités (voir *cage thoracique*).

c. La tête humérale est grosse et arrondie, elle s'articule avec l'omoplate par la cavité glénoïde (voir le *bras, humérus*).

2° Le bras est formé d'un seul os, l'humérus qui s'articule en haut avec l'omoplate (voir l'*articulation de l'épaule*), et en bas avec les os de l'avant-bras (voir l'*articulation du coude*).

a. L'humérus est un os long qui se compose d'un corps cylindrique et de deux extrémités. Le corps est triangulaire à sa partie moyenne. Il a une face postérieure sillonnée par une gouttière oblique, en bas et en dehors, la gouttière de torsion ou gouttière radiale. Une face externe portant à sa partie

---

(¹) *Cotyloïde.* — Cavité de l'os coxal qui reçoit la tête fémorale.

moyenne une empreinte rugueuse en forme de V, « l'empreinte deltoïdienne. » La pointe de cette empreinte est dirigée en bas.

L'extrémité supérieure de l'humérus, ou tête humérale, est arrondie en forme de sphère. Cette tête de l'humérus est circonscrite par une ligne circulaire appelée col anatomique. Cette tête regarde dedans et en haut. En dehors existe une saillie, la grosse tubérosité ou le grand trochanter (¹), surmontée de trois facettes. Enfin, la petite tubérosité, ou petit trochanter, se trouve en avant. Les deux tubérosités sont séparées par la gouttière bicipitale.

L'extrémité inférieure de l'humérus est aplatie d'avant en arrière et présente sa plus grande face dans le sens transversal. Elle a, à sa partie moyenne, deux surfaces articulaires, l'une interne a la forme d'une poulie, c'est la trochlée humérale (²). L'autre est située en dehors, elle est arrondie et porte le nom de condyle de l'humérus (³). Ces deux apophyses articulaires sont séparées par une rainure.

A chaque extrémité de l'humérus se trouve une apophyse ; celle qui est située en dedans est très saillante et se nomme épitrochlée, dehors se trouve l'épicondyle.

3° L'avant-bras réunit deux os ; l'un en dehors du côté du pouce, se nomme radius, et l'autre en dedans du côté du petit doigt, le cubitus.

a. Le radius est un os long et grêle, il se compose d'un corps et de deux extrémités. L'extrémité supérieure s'articule avec le condyle de l'humérus. Cette extrémité comprend la tête et le col de l'os, son pourtour est articulaire et répond à la cavité du cubitus (sigmoïde).

L'extrémité inférieure est volumineuse et quadrilatère, elle

(¹) *Trochanter.* — Tourner, tubérosité située à l'extrémité d'un os long.

(²) *Trochlée humérale.* — Poulie. — Partie inférieure de l'extrémité inférieure de l'humérus qui a la forme d'une poulie pour recevoir le cubitus.

(³) *Condyle de l'humérus.* — Variété de la surface articulaire, arrondie dans un sens et aplatie dans l'autre.

se termine par une base articulée avec le scaphoïde et le demi-lunaire du carpe. La face interne est articulée avec le cubitus.

b. Le cubitus est un os long et grêle qui occupe la partie interne de l'avant-bras, du côté du petit doigt.

L'extrémité supérieure du cubitus est disposée en crochet, par la présence de deux apophyses, dont l'une volumineuse, verticale, l'olécrâne.

L'olécrâne est prismatique et constitue la saillie de l'angle du coude quand l'avant-bras est fléchi; elle sert aussi dans l'extension à limiter les mouvements de l'avant-bras sur le bras. Ces deux apophyses entourent une cavité articulaire, la grande cavité sigmoïde qui s'adapte à la poulie humérale. Le côté externe de l'apophyse est creusé d'une petite cavité sigmoïde qui s'articule avec le radius.

L'extrémité inférieure ou tête du cubitus, épaisse et volumineuse, est articulée, en bas avec le pyramidal, en dehors avec le radius; elle porte en dedans l'apophyse styloïde sur laquelle glisse en arrière dans une gouttière spéciale le muscle cubital postérieur.

4° Le poignet ou le carpe est la partie du membre supérieur comprise entre l'avant-bras et la main.

Le carpe est composé de huit petits os disposés sur deux rangées. La première rangée, qui s'articule aux extrémités inférieures des os de l'avant-bras et de dedans en dehors, est composée des quatre petits os suivants : le pisiforme, le pyramidal, le demi-lunaire et le scaphoïde. L'autre rangée formée des quatre autres os : l'unciforme ou l'os crochu, le grand os, le trapézoïde et le trapèze s'articulent avec les os du métacarpe.

Ces os du carpe sont unis entre eux par des ligaments qui forment les articulations carpiennes.

5° La main, extrémité du membre supérieur, se compose du métacarpe et des doigts.

a. Le métacarpe est la partie de la main comprise entre le poignet et les doigts. Il est formé de cinq petits os allongés qui s'articulent aux phalanges des doigts et aux os de la deuxième rangée du carpe. Ces os sont les métacarpiens.

b. Les doigts sont au nombre de cinq :

1° Le pouce, qui se trouve à la partie externe de la main, est opposable aux quatre autres doigts. Il n'a que deux phalanges. Les autres doigts se désignent : le second à côté du pouce est l'index ou indicateur, le troisième est le médius ou le doigt du milieu, le quatrième est l'annulaire ou le doigt de l'anneau et le cinquième le petit doigt nommé aussi auriculaire, parce qu'on peut l'introduire dans le conduit de l'oreille.

Ces quatre doigts ont chacun trois phalanges qui s'articulent entre elles. Les premières, c'est-à-dire les os qui touchent à l'extrémité supérieure des métacarpiens, sont les phalanges; les deuxièmes ou intermédiaires, qui font suite aux phalanges, sont les phalangines et enfin les extrêmes prennent le nom de phalangettes.

B. Les *membres inférieurs* ont une conformation analogue à celle des membres supérieurs. Ils comprennent les parties suivantes : la hanche, la cuisse, le genou, la jambe, le cou-de-pied ou le tarse et le pied.

a. La hanche est formée de deux os : l'os iliaque et de l'extrémité supérieure du fémur, tête fémorale.

C'est à la partie antérieure de l'os coxal, qui forme la hanche par sa saillie, que se trouve à sa face externe une cavité assez profonde, la cavité cotyloïde, concave, hémisphérique et portant au fond une dépression où s'insère le ligament inter-articulaire qui unit la tête du fémur à l'os coxal de la hanche.

La tête du fémur, en forme de sphère, qui entre de la cavité cotyloïde de l'os de la hanche, a au-dessous une échancrure qui la contourne, nommée le col; plus bas on remarque deux tubérosités : le grand et le petit trochanters [1].

b. La cuisse est formée d'un seul os, le fémur; cet os est le

---

[1] Trochanter (tourner), tubérosité située à l'extrémité d'un os long.

plus long du squelette. Il est composé d'un corps et de deux extrémités. Le corps triangulaire est un peu recourbé à sa concavité postérieure, à sa face antérieure et à sa face interne.

L'extrémité supérieure est constituée en tête articulaire, voir tête fémorale, hanche.

La partie inférieure est volumineuse et se termine par deux renflements osseux ou condyles fémoraux qui sont séparés par l'échancrure intercondylienne articulée avec le tibia. Les condyles sont séparés en avant par une surface articulée avec la rotule.

c. Le genou est formé de l'extrémité inférieure du fémur, voir *cuisse*, de l'extrémité supérieure du tibia, voir *jambe*, et de la rotule. Cet os court, triangulaire est situé à la partie antérieure du genou. Il offre une face antérieure convexe ; une face postérieure concave appliquée sur le fémur et divisée par une crête verticale en deux moitiés. Les bords latéraux minces se rejoignent en bas pour former un sommet en pointe saillante.

d. La jambe est formée de deux os : le tibia et le péroné.

Le tibia est le plus volumineux des deux os de la jambe ; son corps est prismatique et triangulaire, les trois bords de cet os sont très nets, l'antérieure crête du tibia, a la forme d'un S allongé.

L'extrémité supérieure du tibia, volumineuse, est couronnée par un plateau horizontal sur lequel on remarque une saillie, épine du tibia, séparant les cavités glénoïdes du tibia. C'est dans ces cavités que s'articulent les condyles du fémur.

L'extrémité inférieure du tibia est quandrangulaire, articulée en bas avec l'astragale ; en dedans, elle est pourvue d'une apophyse, maléole interne, elle s'articule en dehors avec le péroné.

Le péroné est un os long et grêle tordu sur lui-même, son corps offre trois faces : externe, interne et postérieure. L'extrémité supérieure du péroné s'articule avec le tibia par une facette située à son côté externe et porte en arrière une apophyse styloïde.

L'extrémité inférieure, malléole externe, présente en dedans une facette verticale, articulée avec l'astragale.

Le tarse ou cou-de-pied est composé de sept os disposés sur deux rangées.

La rangée postérieure comprend le calcanéum et l'astragale articulés ensemble et superposés.

Le calcanéum fait en arrière une saillie osseuse appelée talon, il s'articule en avant par sa grande apophyse avec le cutoïde de la rangée suivante.

La rangée suivante ou antérieure comprend le cuboïde, la scaphoïde et les trois cunéiformes.

Le métatarse. — Les osselets du métatarse ou les métatarsiens, au nombre de cinq, sont des petits os longs, minces et allongés et ont une disposition analogue aux métacarpiens de la main. Ils s'articulent d'une part aux os du tarse, et d'autre part aux phalanges des orteils.

Tous ces os s'articulent entre eux et sont maintenus par des ligaments.

Les orteils sont divisés comme les doigts de la main, en trois phalanges.

La disposition des orteils diffère de celle des doigts principalement en ce que le gros orteil n'est pas opposable aux autres doigts.

Division des articulations.

Les os sont agencés entre eux. Cet assemblage constitue le squelette.

L'endroit où se fait cet agencement de deux os, ce point de jonction où se réunissent les extrémités des os, sont des articulations.

L'articulation est donc la jointure des os.

On divise les articulations en : articulations mobiles ou diarthroses, articulations immobiles ou synarthroses, articulations mixtes ou amphiarthroses.

Chacune de ces articulations est en outre subdivisée à son tour, suivant la manière dont est assemblée l'articulation et les mouvements qu'elle permet.

1° Les articulations mobiles (ou diarthroses) sont les seules articulations qui permettent des mouvements sensibles, plus ou moins étendus.

C'est, par conséquent, dans ces articulations mobiles que résident les mouvements qui sont le domaine de la gymnastique rationnelle. C'est la connaissance de ces extrémités osseuses, de leur mode d'agencement, de l'action des agents actifs, les muscles, sur les os agents inertes qui constituent le squelette. C'est cette connaissance raisonnée de la conformation des articulations qui donne à la gymnastique rationnelle et scientifique, sa base vraie et son point d'appui immuable.

2° Les articulations immobiles (ou synarthroses) servent à assurer la résistance et la solidité de certaines parties du squelette. Ces articulations ne permettent aucun mouvement sensible et se réunissent au moyen d'aspérités, ou s'entrelacent à la manière de deux peignes qui s'engrèneraient. On donne à ces articulations le nom de suture. Tels sont les os du crâne, du sacrum et du coccyx.

3° Les articulations mixtes (ou amphiarthroses). Ces extrémités articulaires sont unies par le cartilage; on les rencontre principalement à la cage thoracique, à l'extrémité des côtes unies au sternum et à la colonne vertébrale. Ces articulations ne permettent aucun mouvement étendu ; mais une force quelconque, l'inspiration profonde peut agir sur l'élasticité du cartilage et en obtenir une petite tension.

4° Les fausses articulations (ou pseudarthroses) se produisent quelquefois à la suite d'une fracture.

CHAPITRE II

ARTICULATIONS MOBILES.

Etude des ligaments (syndesmologie).

Les articulations mobiles sont constituées :
1° Des extrémités osseuses ou articulaires, recouvertes de cartilage (¹) qui sert à prévenir le contact trop direct des extrémités articulaires, leur permet de glisser, de tourner ou se mouvoir plus ou moins facilement les unes contre les autres.

2° D'une membrane synoviale qui a la forme d'un sac, d'une poche remplie d'un liquide huileux, la synovie (²), qui recouvre les surfaces articulaires et qui est destinée à rendre ces mouvements plus faciles et à en diminuer le frottement.

3° Les ligaments (³), plus ou moins nombreux, allant d'un os à l'autre et servant à maintenir les extrémités articulaires. Ces ligaments sont quelquefois remplacés par une capsule fibreuse qui recouvre les extrémités articulaires en s'y insérant.

Division des articulations mobiles.

L'articulation mobile est le siège du mouvement.
Les mouvements plus ou moins étendus que permettent ces

(¹) *Cartilage*, tissu solide, moins dur que l'os, élastique, flexible, blanc, bleuâtre ou jaunâtre.

(²) *Synovie*, liquide transparent, gluant, qui remplit dans l'articulation l'office du camboni dans l'essieu de la roue.

(³) *Ligaments* sont des bandes nacrées très résistantes et très fortes.

articulations mobiles dépendent de la conformation des extrémités articulaires qui se touchent.

Des articulations mobiles ont une certaine analogie de formes; d'autres ont une structure toute différente; enfin, il y en a qui ont, dans les pièces plus nombreuses qui les composent, un agencement plus compliqué.

De ces différentes formes articulaires dépendent les mouvements variés, ou plus ou moins prononcés que l'articulation permet.

Pour bien distinguer les mouvements propres à chaque articulation et les présenter dans un ordre méthodique, il convient de voir les surfaces articulaires, de les considérer dans leurs formes et leur agencement, et ainsi de donner à chaque articulation le classement qui lui convient en prescrivant par articulation les mouvements nécessaires à son entier développement.

Pour suivre une marche correcte et méthodique, je crois bien faire de commencer par m'occuper des articulations qui unissent les trois parties principales du corps humain : la tête, le tronc et les membres supérieurs et inférieurs.

La partie du corps qui réunit la tête au tronc est le cou, synonyme col.

La charpente du cou est constituée par les vertèbres cervicales qui en forment l'axe et qui par leur mobilité permettent à la tête de se mouvoir dans toutes les directions.

Ces vertèbres cervicales au nombre de sept ont des surfaces articulaires planes et permettent des mouvements de glissement; de plus, les deux premières, l'atlas et l'accis, permettent des mouvements de rotation. L'atlas, qui est placée à l'entrée du cervelet, tourne sur son axe, l'accis, vertèbre avec laquelle elle s'articule.

Les articulations des vertèbres à surfaces planes ne permettant que des mouvements de glissement, appartiennent à la première classe : *Articulations à surfaces pleines.*

L'épaule et la hanche réunissent les membres supérieurs et

les membres inférieurs au tronc. Ces articulations ont d'un côté une extrémité articulaire ou tête arrondie, et de l'autre un enfoncement osseux nommé cavité articulaire, qui reçoit la tête articulaire et lui permet de se mouvoir dans tous les sens.

Ces articulations qui tiennent leur dénomination de leur conformation articulaire, en forme de sphère, appartiennent à la deuxième classe : *Articulations sphériques.*

Le poignet et le cou-de-pied sont les points de jonction des extrémités, mains et pieds, aux membres supérieurs et inférieurs.

Ces articulations formées de plusieurs os sont assez compliquées dans leur agencement.

Certains de ces os offrent une saillie osseuse arrondie, qui est reçue dans la cavité de l'os voisin. Les mouvements de glissement que ces petits os permettent entre eux rendent possibles les flexions prononcées dans tous les sens.

Ces articulations réunissant ainsi plusieurs éminences articulaires sont rangées dans la troisième classe : *Articulations en condyles* (1).

Le coude et le genou qui joignent les parties principales des membres et les phalanges qui forment les doigts et les orteils, sont constitués par des apophyses en forme de poulies et par des cavités et échancrures dans lesquelles viennent se mouvoir ces saillies osseuses.

Ces articulations permettent de fléchir et d'étendre les leviers qu'elles rapprochent, c'est-à-dire la flexion et l'extension.

Ces articulations qui ont assez de ressemblance avec la charnière qui permet d'ouvrir et de fermer une porte, sont placées dans la quatrième classe (articulations en charnières).

L'articulation de l'avant-bras qui unit les deux os de cette partie du membre supérieur et qui permet à l'un de pivoter sur l'autre (c'est-à-dire la rotation), est une articulation en pivot de la cinquième classe (articulation en pivot).

---

(1) *Condyles*, éminences articulaires des os.

Étude des formes articulaires.

Pour suivre dans cette étude une marche régulière, et présenter les articulations qui permettent des mouvements dans un ordre méthodique, je commence ma description par la partie supérieure du corps (la tête), pour terminer par sa base (les pieds), en suivant les articulations dans leur classement de cet ordre descendant.

1° *Articulation du cou.* — Le squelette de cette articulation qui unit la tête au tronc, est formé des sept vertèbres (première région de la colonne vertébrale).

Toutes ces vertèbres sont mobiles, et les deux premières atlas et accis, servent de pivot dans les mouvements de rotation de la tête.

2° *Articulation de l'épaule.* — C'est à l'articulation de l'épaule que le membre supérieur (le bras) vient s'attacher au tronc.

Cette articulation comprend la réunion de trois os : la clavicule, l'omoplate et l'extrémité de l'os du bras ou tête humérale.

a. La clavicule qui s'articule au sternum et à l'omoplate (voir *cage horacique*).

b. L'omoplate qui présente à l'angle externe une cavité glénoïde, concave, qui reçoit la tête sphérique de l'humérus (voir *cage thoracique*).

c. La tête humérale en forme de sphère qui s'articule dans la cavité de l'omoplate (voir *cage thoracique* et *membre supérieur*).

3° *Articulation du coude.* — Cette articulation désigne le point de réunion des deux parties principales du membre supérieur, c'est-à-dire du bras et de l'avant-bras.

Cette articulation unit l'extrémité inférieure de l'humérus à l'extrémité supérieure du cubitus (voir *membre supérieur*) et est complétée par l'extrémité moins importante du radius.

4° *Articulation de l'avant-bras.* — L'avant-bras est formé de deux os : le radius, en dehors, du côté du pouce; le cubitus, en dedans, du côté du petit doigt. Ces deux os sont unis entre eux par leurs extrémités et par des ligaments qui passent de l'un à l'autre; il y a aussi entre eux une cloison aponévrotique.

Ces deux os sont mobiles et permettent, dans leur action commune, de tourner la paume de la main en avant, supination, et en arrière, pronation. Ainsi le radius, qui porte à son extrémité la main, peut tourner sur le cubitus qui lui sert de soutien (voir *membre supérieur*).

5° *Articulation du poignet ou du carpe*. — Cette articulation composée de huit petits os disposés sur deux rangées, forme la partie comprise entre les extrémités inférieures des os de l'avant-bras et les extrémités supérieures métacarpiens avec lesquels ils s'articulent (voir *membres supérieurs-carpe*).

6° *Articulations des phalanges*. — Ces articulations qui unissent les trois osselets des doigts, sont désignées comme suit :

a. Les phalanges qui s'articulent aux métacarpiens.
b. Les phalangines qui s'articulent aux phalanges.
c. Les phalangettes qui s'articulent aux phalangines.
Le pouce ne possède que deux phalanges.
L'extrémité supérieure de la phalange est concave.
L'extrémité inférieure présente une saillie en forme de poulie.

7° *Articulations des lombes ou des reins*. — Ces articulations désignent les vertèbres mobiles qui séparent plus particulièrement la partie supérieure du tronc, ou la cage thoracique de la partie inférieure, ou portion abdominale, ou le bassin.

Ces vertèbres aux articulations mobiles sont au nombre de sept : deux de ces vertèbres appartiennent à la région dorsale, et les cinq suivantes forment la région lombaire (voir *colonne vertébrale*).

8° *Articulation de la hanche ou coxale*. — L'articulation de la hanche ou coxo-fémorale attache le membre inférieur au bassin ou à l'os coxal, partie inférieure du tronc.

La cavité cotyloïde, concave, profonde (voir *os iliaque*), reçoit la tête de l'os de la cuisse ou tête fémorale.

L'extrémité supérieure du fémur présente trois éminences; la première est très volumineuse et représente les trois quarts d'une sphère, elle s'engage dans la cavité cotyloïde, elle est munie d'une facette dans laquelle s'insère le ligament interarticulaire (voir *le fémur*).

9° *Articulation du genou.* — Cette articulation qui unit l'os de la cuisse à l'os de la jambe, comprend la partie inférieure du fémur, l'extrémité supérieure du tibia et la rotule.

L'extrémité inférieure du fémur se compose de deux éminences appelées condyles, séparées par une rainure très profonde, et en arrière la ligne âpre qui donne insertion à plusieurs muscles (voir *cuisse*).

L'extrémité supérieure du tibia présente deux surfaces articulaires en rapport avec les condyles du fémur.

La rotule (voir *le genou*) est analogue à l'olécrâne du cubitus (voir *articulation du coude*).

10° *Articulation du cou-de-pied ou du tarse.* — Cette articulation formée de l'extrémité inférieure du tibia (voir *jambe*), qui s'articule avec le tarse (voir *tarse* ou *cou-de-pied*, et qui se réunissent aux extrémités supérieures des métatarsiens, sert à unir la jambe au pied.

11° *Articulations des orteils.* — Ces articulations réunissent entre elles les trois phalanges des orteils, comme à la main (voir les *doigts*).

Nota. — La disposition de la plante des pieds, en forme de voûte, a pour utilité d'empêcher la compression des vaisseaux, nerfs et tendons de cette partie du corps. — L'absence de cette concavité constitue le pied plat.

Classification des articulations.

Les articulations mobiles pourront, par conséquent, d'après leur conformation et les mouvements qu'elles permettent, être classées dans l'ordre suivant :

— 31 —

A. Dans la première classe : les articulations à surfaces planes, articulations des vertèbres.
B. Dans la deuxième classe : les articulations sphériques, articulations de l'épaule et de la hanche.
C. Dans la troisième classe : les articulations en condyles, articulations du poignet et du cou-de-pied.
D. Dans la quatrième classe : les articulations en charnières, articulations : coude, genou, phalanges.
E. Dans la cinquième classe : les articulations en pivot, articulation de l'avant-bras.

Répartition des articulations au point de vue des mouvements possibles.

A. Six articulations permettent tous les mouvements.
B. Quatre articulations permettent la flexion et l'extension.
C. Une articulation permet la pronation et la supination.

A. — Articulations qui permettent tous les mouvements.

1° L'articulation du cou comprend les sept vertèbres cervicales. — 1re classe. Articulations à surfaces planes. Mouvements de glissement et de rotation.

2° L'articulation de l'épaule comprend la tête humérale et la cavité de l'omoplate. — 2e classe. Articulation sphérique. Mouvements : tous les mouvements sont possibles.

3° L'articulation du poignet formée d'une part par une tête arrondie dans un sens, aplatie dans un autre. — 3e Classe. Articulation en condyle. Mouvements : la flexion, l'extension, l'adduction, l'abduction et la circumduction.

4° L'articulation des lombes, les deux dernières vertèbres dorsales et les cinq vertèbres de la région lombaire. — 1re classe. Articulations à surfaces planes. — Mouvements de glissement et de rotation.

5° L'articulation de la hanche comprend la tête fémorale et la cavité de l'os de la hanche. — 2e classe. Articulation sphérique. Mouvements : tous les mouvements sont possibles.

6° L'articulation du cou-de-pied comprend la partie inférieure du tibia, complétée par la partie inférieure du péroné, en dehors la face supérieure de l'astragale et les os du tarse. — 2° classe. Articulation analogue à celle du poignet. — Mouvements : flexion, extension, mouvements de latéralité.

B. Articulations qui permettent la flexion et l'extension.

1° L'articulation du coude comprend la partie inférieure de l'humérus et la partie supérieure du cubitus. — 4° classe. Articulation en charnière. Mouvements : flexion et extension.

2° L'articulation des phalanges comprend : les phalanges, les phalangines et les phalangettes. — 4° classe. Articulation en charnière. Mouvements : la flexion et l'extension dans chaque articulation.

3° L'articulation du genou comprend : la partie inférieure du fémur, la rotule et l'extrémité supérieure du tibia. — 4° classe. Articulation en charnière. Mouvements : flexion et extension.

C. Articulation qui ne permet que la pronation et la supination.

L'articulation de l'avant-bras, les extrémités du radius et du cubitus. — 5° classe. Articulation en pivot. Mouvements : la rotation.

CHAPITRE III.

ÉTUDE DES MUSCLES (MYOLOGIE).

A. — Système musculaire comme force active, motrice du mouvement.

Les muscles sont les organes actifs du mouvement. Ils sont formés de petites fibres très ténues qui se réunissent à leurs extrémités par une espèce de cordon blanchâtre, nacré, qu'on nomme tendon et par lequel ils s'insèrent aux os.

Les muscles qui constituent le système musculaire que nous nommons vulgairement la chair, forment la plus grande masse du corps, elle en forme les contours et recouvre sa charpente.

Ces muscles servent à maintenir réunis tous les leviers et toutes les pièces qui composent le squelette. Ils ont pour mission principale de faire mouvoir ces différentes pièces.

La couleur d'un rouge vif du tissu musculaire est due à l'afflux du sang qui lui est amené par les nombreux vaisseaux sanguins (veines et artères capillaires) qui entourent ses fibres et qui le sillonnent en tous sens.

Les fibres musculaires sont contractiles, c'est-à-dire qu'elles ont la propriété de se raccourcir, de se contracter et de s'étendre ou de s'allonger.

La faculté par excellence des fibres musculaires est la contractilité. On entend par ces mots la propriété que possède la fibre musculaire de rapprocher ses extrémités et de diminuer ainsi de longueur. Cette action du muscle est due à l'influence de la volonté qui se communique à tous ses agents moteurs par l'intermédiaire du système nerveux.

On distingue les muscles volontaires et involontaires, selon qu'ils obéissent ou non à la volonté.

Les muscles volontaires sont les organes moteurs locomoteurs du corps.

Les muscles involontaires servent à la vie intérieure ou végétative, à l'action des organes de la circulation (cœur, de la digestion, estomac, etc.).

Les muscles sont congénères ou antagonistes ; les premiers coopèrent à la production d'un même mouvement, les seconds se combattent dans leurs efforts.

On désigne les muscles d'après les mouvements particuliers qu'ils produisent, en fléchisseurs pour la flexion, en extenseurs pour l'extension, en abducteurs pour éloigner, en adducteurs pour rapprocher, en pronateurs pour renverser en dedans et en supinateurs pour tourner en dehors.

Le système musculaire comprend en tout cinq cent vingt-sept muscles ; mais le but principal de ce petit ouvrage n'étant que de définir les mouvements articulaires, je me bornerai à faire connaître les principaux muscles qui prennent part au développement intégral des articulations.

B. — Disposition et action des principaux muscles.

1° Articulation du cou.

a. Les sterno-cléido-mastoïdiens. — Ces deux muscles sont placés de chaque côté du cou. Ils doivent leur nom compliqué à leurs trois insertions.

Ce muscle s'insère à l'apophyse mastoïdienne du temporal ; au tiers interne et supérieur de la clavicule (faisceau claviculaire) et à la partie antérieure du sternum (faisceau sternal).

Action. — En fonctionnant ensemble, ces deux muscles attirent, fléchissent la tête en avant.

Congénères. — Son action consiste aussi à incliner la tête du côté correspondant, il coopère également à la rotation. Dans ces mouvements, ils deviennent antagonistes.

C'est ce muscle qui se dessine de chaque côté de la gorge, surtout chez les personnes maigres.

b. *Les muscles scalènes*, au nombre de trois, occupent la partie latérale du cou.

1° Le scalène antérieur qui s'insère, en haut, aux apophyses transversales des 3e, 4e, 5e et 6e vertèbres cervicales, et en bas, au tubercule scalène situé à la face interne de la première côte.

2° Le scalène postérieur va des apophyses des dernières vertèbres cervicales au bord supérieur de la deuxième côte.

3° Le scalène moyen s'attache à la première ou à la deuxième côte et aux apophyses transverses des vertèbres cervicales.

Action. — Ces muscles latéraux fléchissent la tête sur le côté et coopèrent à l'inspiration en soulevant les côtes.

c. Le muscle trapèze est un muscle qui occupe la partie postérieure du cou et supérieure du dos ; qui va de la courbe occipitale supérieure et s'attache aux apophyses des vertèbres: depuis la dernière cervicale jusqu'aux vertèbres lombaires, supérieurement il s'insère à l'épine de l'omoplate, à l'acromion et au bord postérieur de la clavicule.

Action. — Ce muscle produit l'extension du cou en portant la tête en arrière, il est aussi inspirateur. D'autres muscles profonds qui sont recouverts par le trapèze coopèrent au même mouvement.

Son nom (trapèze) vient de la forme qu'il présente.

Nota. — Tous les muscles d'un même côté agissant ensemble alternativement, produisent la rotation de la tête à droite et à gauche.

2° Articulation de l'épaule.

a. Le deltoïde recouvre la partie supérieure de l'articulation de l'épaule ; s'insère en avant à la clavicule, en haut, au bord externe de l'acromion ; et postérieurement à toute la lèvre inférieure du bord de l'épine de l'omoplate. L'insertion des fibres qui se réunissent en convergeant, viennent s'attacher à la partie supérieure de l'humérus. Ce muscle tient son nom de sa forme triangulaire qui a une certaine ressemblance avec la lettre Δ (delta).

Action. — Il élève le bras et le porte en avant suivant que son action porte sur les fibres moyennes antérieures ou postérieures.

b. c. Le sus-épineux et le sous-épineux. Ces deux muscles occupent la face postérieure de l'omoplate, le premier s'attache à la fosse sus-épineuse et le second à la fosse sous-épineuse et les fibres réunies viennent s'insérer à la grosse tubérosité de l'humérus.

Action. — Ces deux muscles servent dans l'élévation du bras.

d. Le coraco-brachial. — Ce muscle s'attache par un fort tendon au sommet de l'apophyse coracoïde, ses fibres se dirigent en bas pour venir s'attacher à la face antérieure de l'os du bras, entre le biceps huméral et brachial antérieur.

Action. — Ce muscle porte le bras en avant et en dedans et sert à son élévation.

e. Le sous-scapulaire est logé dans la cavité que forme antérieurement l'omoplate et qu'on nomme fosse sous-scapulaire (sous l'épaule) et va s'attacher à l'apophyse coracoïde de l'humérus.

Action. — Il produit la rotation du bras en dedans.

f. Le rhomboïde. — Ce muscle aplati et quadrilatère s'insère, en dedans, aux deux dernières vertèbres cervicales et aux cinq premières dorsales, et étend ses fibres de haut en bas pour s'attacher au bord spinal de l'omoplate.

Action. — Ces muscles agissent sur les omoplates et les rapprochent dans leur contraction, abaissent le moignon de l'épaule et fixent l'omoplate.

Les muscles angulaires s'insèrent à l'angle de l'omoplate et aux vertèbres cervicales.

Action.—Abaissent le moignon de l'épaule et inclinent le cou.

3° Articulation du coude.

a. Le biceps brachial s'insère en haut par sa courte portion au sommet de l'apophyse coracoïde et par un tendon qu'il partage avec le coraco-brachial. Le corps charnu qui fait suite à ces deux tendons s'attache inférieurement au bord postérieur de la tubérosité bicipitale du radius.

Action. — Fléchisseur de l'avant-bas sur le bras; quand l'avant-bras est tendu il prend part à la supination.

b. Le brachial antérieur. — Ce muscle s'attache à la partie supérieure et antérieure de l'humérus (empreinte deltoïdienne) et dirigeant ses fibres directement vers le bas vient s'insérer à l'apophyse coronoïde du cubitus.

Action. — Ce muscle fléchit l'avant-bras.

c. Le Triceps brachial. — Ce muscle s'attache par ses trois tendons supérieurs à l'omoplate et aux bords externes et interne de l'humérus. Son tendon inférieur s'insère à l'olécrâne.

Action. — Ce muscle étend l'avant-bras sur le bras.

4° Articulation de l'avant-bras.

a. Le rond-pronateur. — A sa partie supérieure, ce muscle s'attache au bord interne de l'humérus et à l'apophyse coronoïde du cubitus. Il dirige ses fibres obliquement vers le bas, pour venir se fixer à la partie externe du radius.

Action pour la pronation et contribue aussi à la flexion de l'avant-bras.

b. Le carré pronateur s'attache à la face antérieure du cubitus et ses fibres en se dirigeant transversalement vont s'insérer à la face inférieure du radius.

Action pour la pronation : Tourner la main en haut.

c. Les radiaux externes et les supinateurs, qui vont de l'humérus et du radius aux os du carpe.

Action. — Ces muscles produisent la supination. Tourner la main en haut.

5° ARTICULATION DU POIGNET OU DU CARPE.

a. Le cubital antérieur s'insère supérieurement à l'olécrâne du cubitus et se termine inférieurement par un tendon aplati qui se fixe au carpe, au pisiforme.

b. Le radial antérieur s'attache aux radius et aux os du carpe.
Action. — Produisent la flexion.

c. Les radiaux externes (voir *avant-bras*).

d. Le cubital postérieur. Ce muscle est attaché à la face postérieure du cubitus et dirigeant ses fibres verticalement vers le bas, vient s'attacher à la face postérieure du cinquième métacarpien.

Action. — Ces muscles et les extenseurs des doigts (voir *articulations des phalanges*) produisent l'extension.

6° ARTICULATION DES PHALANGES.

a. Les extenseurs des doigts s'insèrent aux os de l'avant-bras par un tendon commun, ses fibres se dirigeant verticalement vers le bas, viennent former un faisceau musculaire aplati qui se divise en quatre petits faisceaux qui se terminent aux phalanges des doigts par des tendons séparés.
Action pour l'extension.

b. Les fléchisseurs des doigts, qui vont de l'humérus et des os de l'avant-bras au carpe pour se terminer en cinq tendons, lesquels s'attachent aux différentes phalanges des doigts.
Action pour la flexion.

Muscles du tronc.

Muscles de la poitrine, ou partie antérieure du thorax.

a. Le grand pectoral qui recouvre toute la portion latérale du thorax est large, épais et de forme triangulaire, partant de la face antérieure du sternum, les fibres convergeant vont s'attacher aux cartilages des six premières côtes, en haut, au bord antérieur de la clavicule et en bas, à la partie supérieure de l'aponévrose abdominale (¹).

Les fibres se dirigeant de bas en haut vont se réunir en un tendon très fort à la face antérieure de la coulisse bicipitale (²) (humérus).

Action. — L'action de ce muscle puissant coopère au développement de la cage thoracique, il attire le bras en dedans et il l'abaisse.

b. Le petit pectoral, qui est recouvert par le précédent muscle grand pectoral, s'attache par ses fibres inférieures à la face antérieure des 3ᵉ, 4ᵉ et 5ᵉ côtes. A sa partie supérieure, ses fibres réunies forment un tendon qui vient s'insérer à l'apophyse coracoïde (³).

Action. — Ce muscle abaisse l'épaule et l'attire en avant. Quand l'épaule est fixée, il agit sur les côtes et coopère ainsi à l'inspiration en faisant fonctionner les muscles inter-costaux, en agissant sur les côtes qui lui servent d'attaches pour ouvrir les intervalles.

c. Les inter-costaux vont d'une côte à l'autre et remplissent les intervalles laissés par ces os.

Action. — Ils agissent dans les mouvements respiratoires.

d. Le grand dentelé est divisé en trois portions et recouvre les parties latérales du thorax. Ces trois portions s'attachent à l'omoplate et viennent, en convergeant, s'insérer aux différentes côtes. La première, aux deux premières côtes ; la deuxième se fixe aux deuxième, troisième et quatrième côtes, et la troisième vient s'attacher aux cinquième, sixième, septième, huitième, neuvième et dixième côtes.

(¹) *Aponévrose abdominale*, de nerf, parce que les anciens considéraient les aponévroses comme la terminaison des nerfs. — L'*aponévrose d'insertion* est un tendon blanchâtre, aplati, résistant, fibreux ; il a la propriété de fixer le muscle à la partie qu'il fait agir.

(²) *Coulisse bicipitale* est une rainure de l'humérus, située entre les deux tubérosités de cet os.

(³) *Coracoïde*, nom donné à une apophyse de l'omoplate à cause de sa ressemblance avec le bec d'un corbeau.

Action. — Ce muscle élève l'épaule et la porte en avant. Il agit dans l'inspiration.

Le diaphragme est un muscle large qui sert de cloison entre la cavité thoracique (la poitrine) et la portion abdominale (le ventre).

Ce muscle s'insère en avant à la face postérieure du sternum et à l'appendice xiphoïde ([1]) ; sur les côtés, il s'attache aux cartilages des six dernières côtes, et en arrière il vient se fixer aux 2ᵉ et 3ᵉ vertèbres lombaires, et donne naissance à deux gros piliers charnus (piliers du diaphragme).

Ce muscle a trois ouvertures qui donnent passage à l'œsophage et aux nerfs pneumogastriques, à l'aorte, et enfin une troisième ouverture est destinée à la veine cave inférieure.

Action. — Le diaphragme est le muscle inspirateur le plus important. Sous l'action d'une inspiration profonde, il s'aplatit et donne plus d'ampleur à la cavité thoracique, et permet ainsi aux poumons de recevoir une quantité plus grande d'oxygène ([2]). A l'état de relâchement, ce muscle est voûté vers le haut, du côté de la cavité thoracique.

Muscles du dos. (Régions dorsale et lombaire.)

a. Le muscle grand dorsal est large et aplati. Il occupe la partie inférieure, postérieure et latérale du tronc.

Il s'insère en dedans aux six dernières apophyses épineuses dorsales, aux vertèbres lombaires et sacrées; en bas, à la lèvre externe de l'os iliaque, en haut et latéralement, aux trois ou quatre dernières côtes. Partant de ces diverses insertions, les fibres se dirigent latéralement vers le haut pour former un tendon très fort vers le côté externe de l'épaule, qui s'insère au fond de la coulisse bicipitale (humérus).

---

[1] *Xiphoïde*, forme de l'épée. — L'appendice xiphoïde du sternum est en prolongement cartilagineux de la partie inférieure de cet os.

[2] *Oxygène.* — Corps simple, gazeux, qui entre dans la composition de l'air atmosphérique pour 1/5 et en constitue la partie la plus importante.

Action. — Ce muscle redresse le tronc dans les efforts qu'on fait pour grimper ; il soutient la colonne vertébrale dans la région des lombes ; il efface les épaules et agit dans l'inspiration en soulevant les côtes.

b. Le grand rond s'attache à l'omoplate, ses fibres se dirigeant obliquement vont s'attacher à un tendon qui s'insère dans la coulisse bicipitale de l'humérus.

Action. — Le grand dorsal et le grand rond réunis à leur insertion humérale agissent ensemble pour abaisser le bras et le porter en arrière. Ces deux muscles effacent les épaules et agissent dans l'action de grimper.

c. Le sacro-lombaire est un muscle épais et triangulaire à sa partie inférieure, il est aplati et plus grêle à sa partie supérieure. Ses fibres inférieures naissent sur une forte aponévrose du sacro-lombaire, qui s'attache à l'os iliaque. Ces fibres se dirigent alors verticalement et vont se fixer par plusieurs faisceaux aux six ou sept dernières côtes.

d. Le long dorsal est un muscle épais, charnu en bas, beaucoup plus faible en haut ; il est situé en dedans des muscles sacro-lombaires, et ces deux muscles confondent leurs insertions inférieures. Les fibres du long dorsal se séparent ensuite en trois faisceaux qui vont s'attacher aux vertèbres lombaires et dernières dorsales et à la partie inférieure des côtes.

Action. — Lorsque ces mucles agissent ensemble ils produisent l'extension de la colonne vertébrale et concourent à abaisser les côtes.

Muscles abdominaux.

a. Le grand oblique de l'abdomen s'insère à la partie supérieure et latérale des huit dernières côtes. Ces fibres supérieures s'entrecroisent avec celles du grand dorsal et du grand dentelé. A sa partie inférieure ce muscle s'insère à la crête de l'os iliaque. Les fibres inférieures sont presque verticales et vont par leur aponévrose s'unir à la ligne blanche (¹) et se fixer à l'arcade crurale et au pubis.

b. Le petit oblique de l'abdomen est recouvert par le précédent. Il s'insère comme lui aux dernières côtes et à la crête de l'os iliaque.

c. Le grand droit de l'abdomen s'insère en haut aux cartilages des 5ᵉ, 6ᵉ et 7ᵉ côtes ; de là ses fibres descendent verticalement vers le bas, pour s'attacher par un fort tendon à l'épine et au bord supérieur du pubis.

d. Le muscle transverse de l'abdomen s'insère à sa partie supérieure aux six dernières côtes par des groupes de fibres détachées qui s'entrecroisent avec celles du diaphragme ; en arrière, il va se fixer à une aponévrose qui se divise en trois feuillets qui vont s'adapter aux apophyses des vertèbres lombaires.

e. Le muscle carré des lombes est quadrilatère et s'insère en bas à la crête de l'os iliaque. Ses fibres se portent en haut et en dedans pour s'attacher à la 12ᵉ côte, aux quatre premières vertèbres lombaires.

Action. — Ce muscle abaisse la dernière côte et incline latéralement les vertèbres lombaires.

Tous les muscles de la portion abdominale produisent la flexion du corps en avant et latéralement. Ils agissent sur les parois de l'abdomen.

Muscles des membres inférieurs.

8° ARTICULATION DE LA HANCHE.

a. Le grand psoas s'insère sur le côté externe de la colonne vertébrale aux vertèbres lombaires et descend obliquement pour unir son tendon à celui du muscle iliaque et aller se fixer au petit trochanter du fémur.

(¹) *Ligne blanche* de l'abdomen formée par l'entre-croisement aponévrotique des muscles de cette région.

b. Le muscle iliaque s'attache dans la fosse iliaque, ses fibres convergent en un tendon qui va se confondre avec le tendon du grand psoas et s'insère avec lui à la tête fémorale.

Action. — Ils fléchissent la cuisse sur le bassin, ils font tourner la cuisse en dehors. Ils sont aussi fléchisseurs et rotateurs du tronc.

c. d. e. Les muscles fessiers sont au nombre de trois : le grand, le moyen, le petit.

1° Le grand fessier est un muscle très large, très épais, qui s'attache en haut à l'os iliaque, et ses fibres forment des faisceaux qui vont s'insérer au fémur sur la partie comprise entre le grand trochanter et la ligne âpre.

2° Le moyen fessier aux contours saillants de l'os iliaque, ses fibres inférieures se réunissent en un tendon qui s'attache à la face externe du grand trochanter.

3° Le petit fessier s'insère à la crête de l'os iliaque et à la fosse iliaque externe, et ses fibres, en convergeant, forment un tendon qui vient s'attacher au bord supérieur du grand trochanter.

Utilité. — Ces muscles recouvrent et servent à matelasser la tubérosité ischiatique et permettent la position assise qui deviendrait pénible si le bourrelet formé par ces muscles n'évitait le contact trop direct des corps durs avec cette saillie osseuse.

Action. — Ces muscles sont extenseurs de la cuisse sur le bassin, ils sont aussi rotateurs de la cuisse en dedans et en dehors ; ils peuvent aussi produire l'abduction de la cuisse.

f. Le couturier [1] est un long muscle rubané qui s'insère en haut à l'épine iliaque, se dirige en bas, en dedans et en arrière, il contourne le genou, et va se fixer par un tendon à l'épine du tibia et à la partie supérieure de la crête de cet os.

Action. — Ce muscle fléchit la jambe sur la cuisse, et il croise la cuisse de dehors en dedans.

---

[1] *Couturier.* C'est à ce muscle que les tailleurs doivent de pouvoir croiser les deux jambes.

9° Articulation du genou.

a. Le triceps fémoral composé de trois faisceaux musculaires à sa partie supérieure, qui prennent les dénominations suivantes : muscle crural, vaste externe et vaste interne qui s'attachent à la ligne âpre du fémur et aux faces antérieures interne et externe de cet os. Ces trois faisceaux se réunissent pour former un fort tendon qui s'insère à la rotule et au tibia.

Action. — Ce muscle étend la jambe sur la cuisse.

b. Le biceps fémoral, 2 branches, la première branche s'attache à la tubérosité ischiatique, la deuxième à la ligne âpre du fémur, et par son tendon inférieur il s'insère à la tête du péroné.

Action. — Ce muscle produit la flexion de la jambe sur la cuisse.

c. d. Le demi-membraneux et le demi-tendineux sont situés en dedans de la tubérosité ischiatique, et se dirigent en bas et en dehors et se fixent par un tendon grêle à la tubérosité antérieure du tibia.

Action. — Ces deux muscles coopèrent à la flexion de la jambe sur la cuisse, et opèrent la rotation de la jambe en dedans.

10° Articulation du cou-de-pied ou tarse.

a. Le muscle jambier antérieur s'insère à la tubérosité externe du tibia et à la base du premier os du tarse, cunéiforme.

Action. — Ce muscle fléchit le pied sur la jambe.

b. Le muscle jambier postérieur s'attache à la partie postérieure du tibia et à l'extrémité inférieure du scaphoïde.

Action. — Ce muscle étend le pied sur la jambe.

c. Le péronier antérieur est le faiseau externe de l'extenseur commun des orteils.

Action. — Ce muscle sert à rapprocher le pied de la jambe.

d. Les péroniers latéraux longent le péronier auquel ils s'attachent et s'insèrent aux os du tarse.

Action. — Ils attirent la pointe du pied en dehors.

e. Les muscles jumeaux. — Ces deux muscles occupent la partie postérieure de la jambe et forment le mollet. A sa partie supérieure le jumeau interne s'insère à la partie supérieure du condyle interne du fémur ; le jumeau externe sur le condyle externe. Ces deux muscles se confondent à leur extrémité inférieure et forment un tendon très fort appelé tendon d'Achille (¹), qui se fixe à la partie inférieure de la face postérieure du calcanéum ou talon.

Action. — Ils produisent avec le soléaire qu'ils recouvrent, l'extension du pied.

11° Articulation des orteils.

a. Les fléchisseurs des orteils sont au nombre de cinq : 1° le long fléchisseur commun des orteils ; 2° le court fléchisseur commun des orteils ; 3° et 4° le long fléchisseur, et 5° le court fléchisseur du petit orteil.

b. Les extenseurs qui ont une disposition analogue aux muscles précédents.

Action. — Les premiers muscles pour la flexion et les seconds pour l'extension des orteils.

(¹) *Tendon d'Achille*, partie vulnérable du héros grec Achille, tué au siège de Troie par Pâris.

CHAPITRE IV.

Etude des Membranes synoviales et des gaines musculaires (aponévroses).

L'aponévrose est une membrane mince, molle, fibreuse et très résistante. Il y a deux espèces d'aponévroses : l'aponévrose d'enveloppe ou de contention (articulations) et l'aponévrose d'insertion.

a. L'aponévrose d'enveloppe est une membrane mince qui recouvre le muscle et forme autour du muscle une sorte de gaine ou de fourreau. A mesure que ces aponévroses se rapprochent des articulations elles se réunissent aux gaines tendineuses qui entourent les extrémités articulaires.

b. L'aponévrose d'insertion est une membrane blanchâtre, mince, résistante qui recouvre l'articulation. Cette membrane est fibreuse et ressemble au tendon, et n'en diffère que pour la forme. On peut la considérer comme un tendon aplati, large, qui a la propriété de fixer le muscle à l'extrémité osseuse qu'il doit mouvoir. Cette aponévrose en forme de sac qui recouvre la partie supérieure de l'articulation sécrète un liquide huileux nommé synovie qui remplit dans l'articulation l'office du cambouïs dans l'essieu de la roue.

CHAPITRE V.

ÉTUDE DES NERFS (NÉVROLOGIE).

A. — Système nerveux (cérébro-spinal).

Les nerfs sont des espèces de petits filets blancs creusés comme des petits tubes, qui partent des centres nerveux ou des ganglions (¹) et se distribuent dans tout l'organisme pour communiquer la sensibilité et le mouvement dans toutes les parties et les organes du corps.

Il y a deux sortes de nerfs ; ceux qui appartiennent au système *cérébro-spinal*, c'est-à-dire ceux de ces petits cordons blancs qui partent des centres nerveux de l'encéphale.

L'encéphale comprend : le cerveau, le cervelet et la moelle épinière.

a. Le cerveau est la partie de l'encéphale, il est renfermé dans la partie supérieure du crâne ; il est divisé en deux hémisphères et chaque hémisphère présente trois lobes. Le cerveau est blanc à l'intérieur et d'une teinte grisâtre à l'extérieur. Il est le siège de la volonté, des sentiments et des facultés intellectuelles.

b. Le cervelet est placé sous le cerveau, à la partie postérieure du crâne. Les fonctions du cervelet ne sont pas encore très bien connues. Quelques physiologistes le considèrent comme le régulateur des mouvements.

(¹) *Ganglion*, voir système grand sympathique.

c. La moelle vertébrale ou bulbe rachidien est un gros cordon nerveux placé à la suite du cerveau et du cervelet, dont il forme le prolongement dans le canal médullaire de la colonne vertébrale. C'est dans la moelle épinière que prennent naissance les 31 paires de nerfs spinaux qui vont se distribuer dans les muscles.

B. — Système nerveux ganglionnaire ou grand sympathique.

Ce système est formé de petits renflements nerveux nommés ganglions. Ces ganglions, qui sont formés de cellules nerveuses, ont une couleur grisâtre, leur forme est variable, et sont situés sur le trajet des nerfs. Les ganglions sont placés à l'intérieur, souvent sur les côtés de l'épine dorsale, ils sont reliés entre eux par des petits filets nerveux. Ils envoient des filets nerveux aux organes de la vie de nutrition : cœur, foie, poumons, intestins, de l'estomac, et président aux fonctions qui, comme la digestion, ne sont pas sous la dépendance de la volonté.

CHAPITRE VI.

VIE VÉGÉTATIVE OU DE NUTRITION.

A. — De la digestion.

La digestion est la fonction par laquelle le corps répare ses pertes incessantes, soutient ses forces et peut les augmenter.

Les éléments destinés à l'entretien du sang, ce principe nourricier, reconstituant et réparateur de tout l'organisme, sont fournis par les aliments, c'est-à-dire par la nourriture que nous prenons.

Les aliments, pour obtenir ces qualités nourricières, reconstituantes et réparatrices doivent subir une certaine préparation, nommée digestion.

La digestion a pour but : 1° de séparer la partie nutritive, substantielle des aliments et d'expulser les résidus de cette élaboration qui ne possèdent pas cette qualité.

2° De transformer ces éléments nutritifs en un liquide propre à se mêler au sang, et nommé chyle.

La digestion s'empare donc des aliments que nous introduisons dans l'orifice supérieur du tube digestif, la bouche, et leur faisant suivre mécaniquement toutes les parties de l'appareil digestif, qui sont chargées de les mêler, de les pétrir et de les mettre en contact avec différents liquides qui les rendent propres, par un phénomène chimique, à entrer dans la circulation.

Le tube digestif est composé des organes suivants :

1° la bouche, 2° le pharynx, 3° l'œsophage, 4° l'estomac, 5° l'intestin grêle et 6° le gros intestin ou « colon ».

PHÉNOMÈNES DE LA DIGESTION.

Voici l'ordre dans lequel s'accomplissent les différents phénomènes de la digestion :

1° Les aliments sont introduits dans la bouche à l'aide des lèvres, c'est la préhension.

La préhension. — Les lèvres sont les deux rebords charnus qui ferment l'orifice de la bouche.

La bouche est l'ouverture supérieure du tube digestif. C'est une cavité circonscrite en avant par les lèvres, en arrière par le voile du palais et le pharynx ; sur les côtés, par les joues ; en haut, par la voûte palatine ou le palais ; en bas par la langue.

C'est cette partie qui reçoit les aliments.

La mastication. — La cavité buccale. — A l'intérieur de la bouche sont disposées les dents sur deux rangées cintrées ; l'une supérieure et l'autre inférieure. Ces dents sont des petits corps durs qui ressemblent à des os, implantés dans les bords des deux mâchoires, et qui servent à la division et à la mastication des aliments.

L'homme a trente-deux dents qui se divisent en trois espèces :

a. Les incisives placées sur le devant, elles servent à couper les aliments.

b. Les canines qui sont placées de chaque côté des incisives, elles sont longues et pointues, et servent à déchirer, à dépecer les chairs et les aliments fibreux qui offrent une certaine résistance.

c. Les molaires sont les dents qui occupent les extrémités des deux rangées. On les divise en petites et en grosses molaires. Elles servent à broyer, à mâcher les aliments, à les presser sur leur partie supérieure large, pour en extraire le jus et les principes substantiels.

La langue sert à prendre les aliments et les boissons, et à les remuer dans la cavité buccale entre les dents, et en forme le bol alimentaire (bouchée) en pétrissant ces aliments avec la salive, elle fait aussi avancer le bol alimentaire dans le pharynx. La langue est le siège principal du sens du goût.

L'insalivation. — Parties accessoires. — Les glandes salivaires sont placées au-devant des oreilles; les sous-maxillaires au-dessous de la mâchoire inférieure et la sublinguale sous la langue. Ces glandes sécrètent pendant la mastication un liquide aqueux, incolore et mousseux. C'est la salive qui se mêle au bol alimentaire et, en le ramollissant et l'enduisant, le rend propre à la déglutition.

L'acte par lequel la salive s'écoule des glandes prend le nom d'insalivation.

La déglutition. — L'introduction du bol alimentaire dans le pharynx et l'œsophage est la déglutition.

Le pharynx vulgairement appelé gosier est cette portion du tube digestif qui fait suite à la bouche et surmonte l'œsophage. Il a la forme d'un entonnoir, de chaque côté du pharynx sont situées les deux glandes, les amygdales qui sont destinées par le liquide qu'elles sécrètent à faciliter la descente du bol alimentaire.

L'œsophage est un long tube membraneux destiné au passage des aliments entre le pharynx et l'estomac. Sa longueur est de 22 à 25 centimètres, il est placé derrière la trachée artère, entre dans la cage thoracique, passe derrière les poumons et le cœur, traverse le diaphragme au-devant de l'aorte et se termine dans l'estomac à hauteur de la 11e vertèbre dorsale.

La chymification. — La chymification est un phénomène qui s'opère dans l'estomac, et par lequel les aliments ou bol alimentaire sont transformés en une espèce de bouillie assez épaisse à laquelle on a donné le nom de chyme.

L'estomac, où s'opère cette première digestion, est une

espèce de poche membraneuse et a à peu près la forme d'une poire. Elle présente deux ouvertures : la supérieure (le cardia) donne entrée à l'œsophage ; l'inférieure (pylore) qui communique avec l'intestin; cette ouverture est fermée pendant l'acte de la digestion.

L'estomac est situé sous le diaphragme et placé en travers à la partie supérieure de l'abdomen.

Les aliments introduits dans l'estomac sont mêlés au suc gastrique que sécrètent les parois de cet organe pendant les contractions que provoque le travail de la digestion.

Le suc gastrique est un liquide fluide, acide que sécrète la muqueuse stomacale pendant l'acte de la digestion. Ce suc est formé par un grand nombre de très petites cavités appelées follicules gastriques. C'est ce suc gastrique qui en se mêlant aux aliments forme le chyme.

Dès que la digestion est terminée, le pylore ouverture de la partie supérieure de l'intestin grêle (ou duodénum) s'ouvre pour livrer passage au chyme qui y est poussé peu à peu par les contractions de l'estomac dans l'intestin où il doit subir une nouvelle transformation: la chylification.

La chylification. — La partie du tube digestif dans laquelle s'accomplit le phénomène de la digestion, est l'intestin grêle.

L'intestin grêle est un long tube membraneux qui a une longueur à peu près égale à sept ou huit fois la taille de l'homme, il est contourné plusieurs fois sur lui-même dans l'abdomen.

Les replis d'une enveloppe membraneuse, le péritoine, le retiennent dans une position permanente. Cet intestin grêle comprend les trois parties suivantes, désignées par les dénominations : la première ou supérieure, le duodénum; la deuxième ou moyenne, le jéjunum, et la troisième ou dernière, l'iléon.

1° Le duodénum (¹) reçoit près du pylore les conduits de la bile (du foie) et le fluide pancréatique du pancréas.

(¹) *Duodénum*, partie supérieure de l'intestin grêle, mesure douze travers de doigt.

Le suc pancréatique et la bile se mêlent aux aliments et opère cette transformation du chyme en chyle. C'est le phénomène de la chylification.

Le chyle est un liquide blanc, opaque comme du lait, il est promené et remué dans l'intestin par des contractions de l'intestin, et la partie nutritive de ce mélange est pompée par les vaisseaux chylifères qui se réunissent en un tube plus important nommé canal thoracique qui porte son contenu dans une veine aboutissant au cœur.

Les matières qui n'ont pas de qualités nutritives, les résidus des aliments, sont poussés dans le gros intestin.

Le gros intestin est la partie inférieure des intestins. Cette partie des intestins est beaucoup plus grosse, plus volumineuse, et forme un tube bien plus large qu'à la partie supérieure. On distingue dans le gros intestin les trois parties suivantes : le cœcum, le colon et le rectum.

1° Le cœcum, qui se trouve à l'entrée du gros intestin, présente la valvule iléo-cœcale, sorte de soupape qui retient les résidus dans l'extrémité du tube digestif.

2° Le colon a sa partie montante, ascendante, à droite, sa partie transverse au milieu et sa partie descendante du côté gauche. Il se termine en S par le rectum.

3° Le rectum est la partie extrême du gros intestin, muni à son extrémité anale d'un muscle constricteur, le sphincter, qui le tient fermé.

Parties accessoires. — Les parties accessoires de l'appareil digestif sont : les glandes salivaires, les parotides, les sous-maxillaires et la sublinguale, le foie, le fiel, le pancréas, la rate, le péritoine, les reins et la vessie.

1° Les glandes salivaires :

a. Les parotides sont placées devant les oreilles ;

b. Les sous-maxillaires sont sous la mâchoire inférieure ;

c. La sublinguale sous la langue.

Ces glandes sécrètent la salive, qui est alcaline et contient une matière spéciale qui est un ferment.

2° Le foie est situé du côté droit sous le diaphragme, c'est la glande la plus volumineuse, il reçoit tout le sang absorbé des intestins par les vaisseaux chylifères et en sépare la bile et le sucre. Il est retenu par plusieurs replis du péritoine, qu'on nomme ligaments, principalement par le ligament suspenseur du foie. Le foie sécrète la bile qui se répand dans le duodénum pendant l'acte de la digestion.

3° Le fiel contenu dans la vésicule biliaire communique avec le duodénum par le canal cholédoque.

4° Le pancréas est situé derrière l'estomac, il ressemble aux glandes salivaires. Il sécrète le suc pancréatique.

5° La rate est située à côté de l'estomac, un peu en arrière de la grande courbure. C'est un organe spongieux dont les fonctions ne sont pas encore bien déterminées.

6° Le péritoine est la membrane qui recouvre les organes que renferme l'abdomen, il maintient les intestins par ses replis.

7° Les reins ou rognons sont les organes qui sécrètent l'urine, ils sont placés de chaque côté des vertèbres lombaires. En quittant ces deux glandes, l'urine est conduite dans les bassinets par de petits canaux, et est amenée dans le réservoir de la vessie par des conduits longs et étroits, les urétères.

8° La vessie occupe derrière la symphyse du pubis le bas de l'abdomen. On la sent sous la main lorsqu'elle est remplie d'urine. Sa face antérieure touche le pubis.

B. — La respiration.

La respiration est l'acte par lequel l'air est introduit dans les poumons et en est rejeté.

La respiration se compose donc de deux mouvements : l'inspiration et l'expiration.

1° Par l'inspiration l'air est attiré dans les conduits respiratoires, entre par la bouche et les narines dans le larynx et, suivant la trachée-artère, s'introduit dans les poumons par les bronches, pour aller purifier le sang veineux par le contact de son oxygène qu'il lui cède en lui retirant ses principes nuisibles et en le débarrassant de l'acide carbonique. Le sang veineux ainsi purifié et vivifié par le contact de l'air pur, est remis dans des conditions régénératrices, redevient sang artériel pour recommencer son évolution bienfaisante et réparatrice à travers l'organisme.

2° Par l'expiration, cet air vicié par le contact du sang veineux est rejeté au dehors.

Pendant le premier acte de la respiration, c'est-à-dire à l'inspiration, la cage thoracique se dilate, les côtes s'entrouvrent par la contraction des muscles intercostaux, en bas le diaphragme, cette cloison qui sépare la cavité thoracique de la portion abdominale, s'abaisse en s'aplatissant, et ainsi les poumons se trouvant dans une demeure assez ample, peuvent s'ouvrir, peuvent se dilater et recevoir par une inspiration profonde, l'air pur en abondance, qui viendra apporter ses principes vivifiants, régénérateurs et réconfortants.

Dans le deuxième acte de la respiration, c'est-à-dire à l'expiration, la poitrine se resserre en comprimant le poumon qui expulse l'air vicié qui est dans ses vésicules.

C. — **Des Sécrétions (Humeurs, Follicules, Glandes).**

La sécrétion est l'acte par lequel s'opère la séparation du sang d'avec des éléments de certains liquides qui doivent être expulsés.

Les sécrétions sont divisées en deux classes : les sécrétions excrémentielles, ou mieux excrétions, dont les produits, qui ne sont d'aucune utilité pour l'organisme, sont destinés à être iliminés, et les sécrétions récrémentielles, ou sécrétions proprement dites, dont les produits peuvent être utilisés dans l'organisme même en dehors de lui.

Dans la première classe, on trouve la sueur et l'urine, et dans la deuxième on rencontre la salive, le suc gastrique, le suc pancréatique, le suc intestinal, qui rentrent dans l'économie après avoir été utilisés.

Les produits des sécrétions proviennent du sang. Ces sécrétions se font dans des organes particuliers, follicules, glandes, etc.

Les follicules sont des petites poches ressemblant à des pores très ouverts, dispersés dans les membranes et excrétant les matières quelles renferment par des petits conduits qui aboutissent à l'extérieur (les pores). Ainsi la sueur de la peau se sécrète par des follicules; c'est par le coin de l'œil que sort cette matière jaunâtre qui s'accumule dans le coin des paupières pendant le sommeil.

Les glandes sont des organes plus volumineux, ils sont destinés à extraire du sang certains principes qui doivent être utilisés dans l'organisme (salive, suc gastrique, etc.).

Les parties qui doivent être séparées du sang filtrent à travers la membrane et se rendent dans le canal excréteur de la glande (urine). Ou bien le sang subit des modifications à son passage dans la glande, qui fabrique avec certains de ses éléments des liquides spéciaux toujours les mêmes pour une même glande (salive, suc gastrique, pancréatique, bile, etc.).

CHAPITRE VII.

ÉTUDE DE L'APPAREIL CIRCULATOIRE.

De la circulation.

La circulation est la fonction importante de la vie végétative qui distribue le sang dans toutes les parties du corps et qui le ramène au cœur après son évolution.

Le cœur, organe central et directeur de ce mouvement régénérateur, lance, par une contraction de son ventricule gauche, le sang d'un rouge vermeil, pur, nourricier, qu'il contient, dans les conduits sanguins nommés artères. Les artères portent le sang artériel dans tout l'organisme.

L'artère aorte, vaisseau principal et répartiteur du sang pur, le reçoit directement du cœur et l'envoie, par des branches qui se détachent de son tronc, dans les parties supérieures et inférieures du corps. Ces branches en s'éloignant se divisent et se subdivisent en conduits de plus en plus minces et enfin très ténus. Ces artères extrêmes, qui sont réduites à la finesse du cheveu, prennent le nom de vaisseaux capillaires.

De ces vaisseaux, qui sillonnent les tissus, le sang entre dans les extrémités très minces des veines qu'ils rencontrent, qu'ils entrelacent dans les mailles musculaires.

Les veines sont d'autres conduits sanguins qui ramènent le sang au cœur. Ces veines, très ténues d'abord, se dirigent vers le cœur en grossissant et parviennent à former deux troncs principaux qui s'appellent, pour la partie supérieure, veine cave supérieure, et pour la partie inférieure, veine cave inférieure. Ces deux veines principales aboutissent à l'oreillette droite.

Par la contraction de l'oreillette droite, ce sang est poussé dans le ventricule droit qui, en se contractant à son tour, le fait entrer dans les poumons par l'intermédiaire de l'artère pulmonaire. Dans les poumons, ce sang se purifie en se débarsant de ses principes contraires et de son gaz délétère ; l'acide carbonique que le contact de l'air pur inspiré lui retire en lui cédant son principe vivifiant, l'oxygène. Ce sang veineux altéré et noirâtre redevient rouge et reconquiert les qualités régénératrices de sang artériel, est ramené à son point de départ, le ventricule gauche, pour recommencer sa distribution réconfortante.

On divise le mouvement du sang dans l'organisme en deux circulations : la grande et la petite circulation.

La grande circulation désigne le mouvement du sang conduit par les artères, du ventricule gauche dans toutes les parties du corps et ramené par les veines à l'oreillette droite.

La petite circulation conduit le sang du ventricule droit par l'artère pulmonaire pour le ramener à l'oreillette gauche.

Dans les deux parties du cœur : cœur droit et cœur gauche, divisés chacun en deux parties distinctes, mais qui sont en communication. Les mouvements de contraction et de dilatation se font alternativement, c'est-à-dire que les ventricules se dilatent en même temps et que les oreillettes se contractent, et ainsi réciproquement.

Chaque fois que le ventricule gauche se contracte, il envoie dans les artères un flux de sang. Les artères se gonflent, c'est ce mouvement qui constitue le pouls que le doigt sent au poignet en se posant sur l'artère radiale superficielle.

Les contractions ou pulsations sont de soixante-dix environ par minute. Cent pulsations indiquent un état fiévreux.

Circulation lymphatique.

La lymphe est un liquide blanchâtre qui se forme dans les tissus et les organes de certains résidus du sang et éléments usés des tissus.

Ce fluide est recueilli par des petits tubes transparents qui sillonnent les tissus superficiels et pénètrent dans les organes. Ces petits canaux qui charrient la lymphe se nomment vaisseaux lymphatiques. Ces conduits rencontrent de distance en distance, particulièrement au cou, aux aisselles, aux aines, des corpuscules de la grosseur d'un pois, formant de petits corps glanduleux appelés ganglions lymphatiques. Tous ces vaisseaux se dirigent du côté de la colonne vertébrale et finissent par se réunir à hauteur de la région lombaire dans un réservoir appelé citerne lombaire.

De ce réservoir la lymphe est conduite dans la veine sous-clavière gauche, par un vaisseau plus important nommé canal thoracique.

Pour ce qui concerne les conduits des intestins, j'en parle dans les phénomènes de la digestion (voir *Vaisseaux chylifères*).

CHAPITRE VIII.

ASSIMILATION.

L'acte par lequel les différentes parties du corps réparent leurs pertes, s'accroissent et se fortifient, est l'assimilation. C'est le sang, le principe nourricier du corps qui, en parcourant dans les vaisseaux tous les tissus de l'organisme, porte dans tous ces tissus des matériaux qui leur sont assimilables. En effet, l'acte le plus important de l'assimilation est l'absorption du chyle par le sang (voir *la Digestion*, page 49). Le chyle se mêle au sang et s'y dissout complètement, de telle sorte que toutes les parties qui constituent le chyle sont intimement dissoutes dans le sang. Or, le chyle étant composé d'eau, de fibrine, d'albumine, de matières grasses, de sels de chaux, enfin de toutes les substances et éléments qu'il a puisés dans les aliments pendant la digestion intestinale, ou la chylification. C'est, en effet, la fibrine qu'on trouve dans le chyle et dans le sang qui entretient la chair et les muscles; c'est l'albumine qu'ils contiennent qui forme et entretient le cerveau, les nerfs, les poumons, le foie, etc.; ce sont les sels de chaux, de soude, qui existent dans le sang et dans le chyle, qui forment et entretiennent les os, le sang en déposant ses principes nourriciers et reconstituants, dans tout l'organisme, reprend en même temps les matériaux usés et les élimine du corps par les conduits et organes excréteurs.

CHAPITRE IX.

DESCRIPTION SUCCINCTE DES SENS (ESTHÉSIOLOGIE).

C'est par les sens, au nombre de cinq : la vue, l'ouïe, l'odorat, le goût et le tact ou toucher, que l'homme prend connaissance des corps qui l'entourent.

C'est au moyen des nerfs que ces appareils spéciaux transmettent à l'encéphale, siège de la sensibilité, de la volonté et des facultés intellectuelles, l'action de certains corps. C'est ainsi que l'œil donne au nerf optique la faculté de transmettre la lumière.

Deux de ces appareils, les sens du tact et du goût s'exercent par le contact, le toucher des corps.

Les autres sens : vue, ouïe, odorat, peuvent sans contact nous mettre en rapport avec les objets qui nous environnent, qui sont plus ou moins rapprochés de nous, par l'intermédiaire de nerfs spéciaux transmettant au cerveau leurs sensations particulières.

Le toucher ou le tact.

L'enveloppe du corps est une membrane épaisse qu'on nomme : la peau. La peau est formée de deux couches superposées, la supérieure ou superficielle, se nomme l'épiderme (épi, c'est-à-dire au-dessus). Cette couche supérieure sert à protéger la couche inférieure contre l'action de l'air qui pourrait la dessécher, en altérer la sensibilité et ralentir ses fonctions sudorifiques ; l'inférieure est le derme, ou la partie principale de la peau, elle est sillonnée par les nerfs qui se terminent à la surface par un orifice qui forme la papille nerveuse.

C'est à ces papilles que le derme doit sa sensibilité.

Le derme renferme aussi les glandes sudorifères et les glandes sébacées ([1]). La peau contient aussi plusieurs petits organes sécréteurs d'où sortent les cheveux, les poils et aussi les ongles qui se développent sous l'action des substances qu'ils reçoivent. Les nerfs qui sillonnent ce tissu superficiel, qui revêt tout le corps, rendent toutes les parties du corps sensibles au contact des corps étrangers.

Des endroits sont particulièrement sensibles, tels sont les extrémités des phalangettes des doigts nommées palmaires, le bout des orteils, le dos de la main et la paume, le pli de l'aine, la plante des pieds, les aisselles, etc.

Mais la sensation spéciale du tact a son siège dans les corpuscules tactiles. La face palmaire des phalangettes est le siège spécial de l'organe du toucher. Ces extrémités digitales peuvent par la pratique atteindre à une sensibilité d'une grande délicatesse. Nous voyons l'aveugle distinguer la nature des objets, reconnaître une pièce de monnaie aux reliefs de son inscription et aux contours de son effigie, etc.

Les sensations du froid, du chaud, de l'humidité, la forme et enfin les détails extérieurs des objets palpés, sont transmis au cerveau par l'intermédiaire des nerfs palmaires.

Le Goût (ou Gustation).

Ce sens nous fait connaître la saveur des liquides et des solides qui se dissolvent au contact de la salive dans son siège principal, la bouche.

La sensibilité du goût réside dans toutes les parties de la

([1]) *Sébacées*, qui est de la nature du suif.

cavité buccale : les joues, les lèvres, le palais ; mais principalement la langue, qui est recouverte de nombreuses aspérités nommées papilles.

Le nerf pharyngien, qui se rend à la base de la langue, est le véritable nerf du goût ; c'est lui qui seul nous rend compte des saveurs amères.

Ce nerf lingual porte les impressions du goût au cerveau.

L'Odorat (ou Olfaction).

L'odorat est le sens qui nous fait connaître les odeurs, et nous fait apprécier la qualité particulière et la différence qui existe entre elles.

L'appareil de l'olfaction se compose du nez et principalement des parties suivantes qui tapissent l'intérieur des fosses nasales.

Les fosses nasales, ou narines, sont deux cavités verticales qui aboutissent en arrière dans le pharynx. Ces narines sont séparées par une cloison verticale.

La réunion de ces cavités constitue le nez. Elles sont recouvertes à l'intérieur par la membrane pituitaire. Cette membrane très sensible au contact des particules odorantes qui se dégagent de certains corps odorants qui répandent dans l'atmosphère comme une espèce de vapeur invisible. L'air imprégné de ces odeurs produit, en traversant les narines pour se rendre aux poumons, une sensation des odeurs ou d'émanations odorantes sur cette muqueuse olfactive qui les transmet au cerveau par l'intermédiaire des nerfs olfactifs qu'elle reçoit dans ses tissus.

L'Ouïe (ou l'Audition).

L'organe de l'audition est l'oreille, qui se divise en trois parties distinctes : l'oreille externe, l'oreille moyenne, l'oreille interne.

L'oreille externe se compose :

1° Du pavillon, qui présente plusieurs saillies, un contour assez large et de fossettes qui servent, comme un cornet acoustique, à rassembler les ondes sonores qui s'introduisent dans l'intérieur de l'oreille jusqu'au tympan par un canal, le conduit auditif.

2° L'oreille moyenne comprend la caisse du tympan qui contient les quatre osselets : le marteau, l'enclume, l'étrier et l'os lenticulaire.

Cette caisse a deux parois, l'une externe, du côté de l'ouverture nommée tympan ; l'autre interne présentant deux ouvertures : la fenêtre ovale qui communique avec l'oreille moyenne et la fenêtre ronde.

Entre l'oreille moyenne et l'arrière-bouche, il y a un canal de communication, la trompe d'Eustache, qui va aboutir au pharinx.

L'oreille interne, ou labyrinthe, se compose de trois parties : le vestibule, les canaux semi-circulaires et le limaçon.

Le tympan entre en vibration sous l'action des ondes sonores qui lui parviennent par le conduit auditif, cette membrane communique ses vibrations à la chaîne des osselets. Ceux-ci les transmettent dans l'oreille interne, qui renferme un certain liquide qui reçoit le nerf acoustique chargé de transmettre au cerveau les effets des sons.

La vue ou vison.

Définition de la vue.

La vue est le sens important qui nous fait découvrir dans un horizon plus ou moins spacieux, tous les corps qui, dans cet espace, occupent une place en rapport avec leurs formes, leur volume, ou qui par leurs couleurs ou leurs nuances tranchent sur le tableau.

Description succincte de l'appareil de la vision.

1° L'appareil de la vue comprend deux parties essentielles :

La première partie est l'œil, organe extérieur par lequel s'exerce la vision.

La deuxième partie est le nerf optique, qui est chargé de transmettre au cerveau les impressions lumineuses que reçoit l'œil.

Cette impression est donnée par l'intermédiaire de la lumière, comme nous le verrons plus loin.

La partie extérieure de l'œil est formée des organes principaux et des organes protecteurs.

1° Les organes principaux sont compris dans le globe de l'œil (sphérique) présentant antérieurement une membrane transparente, la cornée, et à sa partie postérieure le nerf optique par lequel il se met en relation avec le cerveau.

Enveloppes et membranes du globe oculaire.

1° La cornée transparente qui est comparée pour la forme à un verre de montre recouvrant une boule creuse de couleur blanche.

2° La sclérotique (blanc de l'œil) est une membrane fibreuse blanche qui forme avec la cornée l'enveloppe superficielle de l'œil.

3° La conjonctive qui recouvre en partie la cornée et qui se continue en arrière avec la gaine du nerf optique.

4° La choroïde située en dedans de la sclérotique, qu'elle sépare de la rétine.

5° La rétine se trouve plus en dedans, sous la choroïde, elle est formée de l'épanouissement du nerf optique. La rétine est l'organe le plus important de l'œil, il est destiné à recevoir les impressions lumineuses et à les transmettre au nerf optique et au cerveau.

6° Le globe est divisé en deux parties inégales par une sorte de cloison contractile diaphragme : l'Iris. C'est l'Iris qui donne à l'œil ses nuances : bleue, grise, brune, etc.

L'Iris est percé d'un trou, la pupille.

7° La pupille, ce point noir qui s'agrandit ou se rétrécit sous l'action plus ou moins intense de la lumière.

Les organes protecteurs. — Les yeux, qui forment le plus délicat de nos sens, sont protégés contre les violences extérieures et les corps étrangers qui pourraient s'y introduire.

1° L'orbite est le contour osseux qui fait saillie autour de la cavité oculaire et met l'œil à l'abri des chocs extérieurs.

2° Les sourcils sont deux éminences arquées et garnies de poils qui s'élèvent au-dessus de chaque œil. Ils ont pour mission, en s'abaissant, d'arrêter les rayons trop lumineux, et d'empêcher la sueur du front de couler dans les yeux.

3° Les paupières sont comme deux voiles protecteurs des yeux toujours prêts à les secourir et en les recouvrant pendant le sommeil, elles empêchent la lumière de venir troubler notre repos.

4° Les cils tempèrent l'éclat d'une trop forte lumière, arrêtent la poussière et le moindre corps étranger qui pourrait offenser l'œil.

5° La glande lacrymale qui sécrète les larmes occupe l'angle externe et supérieur de l'orbite.

6° Les glandes des paupières au nombre d'environ 25 à chaque paupière, sécrètent une matière assez épaisse nommée chassie qui empêche que les larmes ne tombent sur les joues.

7° Les points lacrymaux sont deux petits canaux qui s'ouvrent à l'angle interne des yeux et qui aboutissent aux fosses nasales pour l'écoulement des larmes par les narines.

MÉCANISME DE LA VISION.

Fonctions de l'œil. — Le rôle de cet organe est comparé à celui de la chambre obscure du photographe. Il consiste à faire converger sur la rétine, les rayons lumineux qui proviennent des corps éclairés que l'on examine de manière à former sur cette membrane une image nette et renversée de cet objet. Il est facile de se rendre compte de la formation de ces images.

Pour démontrer le mécanisme de ce phénomène, je laisse ce soin à la définition savante du docteur Dupasquier :

« L'œil, dit M. Bouillet, peut être comparé à une chambre
» noire, tapissée par la rétine. Le cristallin, corps transparent
» et à surfaces convexes, fait l'effet d'une lentille et sert à
» former sur la rétine l'image des objets placés devant elle.
» D'après cela, les rayons lumineux partant d'un objet éclairé,
» traversent la cornée qui les réfracte, l'humeur aqueuse et la
» pupille qui, par sa dilatation ou sa contraction, en mesure la
» quantité; après cette première réfraction, ils en éprouvent une
» plus considérable au cristallin, qui les rassemble et les fait
» converger à travers le corps vitré jusqu'à la rétine sur
» laquelle se peint l'image de l'objet. Cette image est renversée.
» L'impression reçue par la rétine est transmise au cerveau par
» le nerf optique, et l'âme a conscience de la forme et de la
» couleur de l'objet. Bien que l'image soit renversée, nous
» voyons l'objet droit par le fait de l'éducation de l'œil.
» Lorsque la cornée et le cristallin sont trop convexes, les
» rayons sont trop convergents, et le foyer, au lieu de se former
» sur la rétine, a lieu en avant et produit une image confuse;
» c'est la myopie. On y remédie en rapprochant l'objet de l'œil,
» ou en se servant de lunettes à verres concaves.
» Lorsque, au contraire, les rayons lumineux ne sont pas
» assez convergents, l'image va se former au delà de la rétine,
» et ne devient nette qu'en éloignant l'objet; c'est la presbytie.
» On y remédie au moyen de lunettes bi-convexes. »

La Voix.

L'ensemble des sons que l'homme fait entendre en rejetant l'air des poumons par la bouche, est la voix.

Les parties principales de l'appareil vocal sont: les poumons, la trachée-artère, le larynx, les cordes vocales.

1° Les poumons qui lancent l'air dans le larynx par l'intermédiaire des bronches et de la trachée-artère remplit assez bien l'office de soufflet ou de porte-vent.

2° Le larynx, situé à la partie supérieure de la trachée-artère, est l'organe principal destiné à la production des sons.

Le larynx a la forme d'un livre entr'ouvert et est formé d'un squelette cartilagineux qui présente antérieurement un renflement formé par la saillie du cartilage thyloïde, c'est la pomme d'Adam.

L'orifice supérieur du larynx est fermé pendant la déglutition par l'épiglotte qui empêche les corps étrangers, les aliments de s'y introduire.

La glotte qui désigne l'espace compris entre les deux cordes vocales inférieures est triangulaire.

La voix est donc le résultat de la vibration des cordes vocales, et peut être modifiée complètement à sa sortie du larynx de façon à se transformer en parole. Son degré aigu ou grave dépend du plus ou du moins de tension des cordes vocales. C'est ainsi que se produisent les voix de ténor, de baryton ou de basse.

C'est à l'âge de puberté que le larynx prend son entier développement, et que la voix humaine se modifie et se forme.

La voix la plus basse correspond à un son de 160 vibrations par seconde, la plus élevée à 208. — La véritable voix de l'homme adulte est celle de baryton.

DEUXIÈME PARTIE

PRODUCTIONS ORIGINALES DE L'AUTEUR.

LISTE DES INNOVATIONS.

A. — Tableau synoptique des mouvements du corps humain basés sur le jeu régulier des articulations.
B. — Gymnase mobile, breveté par arrêté ministériel du 15 mars 1878, n° 44448.
C. — Corde ascendante et descendante, brevetée par arrêté ministériel du 5 juin 1879.
D. — Ceinture abdominale.
E. — Costume pour gymnaste.
F. — Dynamomètre pour mesurer la force de pulsion et la force de traction.
G. — Plan d'un gymnase type avec définition et description.

A. — **Tableau synoptique des mouvements du corps humain basés sur le jeu régulier des articulations.**

BASE DE LA MÉTHODE.

Nota. — Ce tableau très simple est cependant très complet.
En indiquant :
1º Les articulations mobiles dans un ordre méthodique ;
2º Les os et les muscles qui constituent chaque articulation ;
3º L'action des principaux muscles dans les différents mouvements ;
4º La division des articulations par classe et par genre ;
5º Les mouvements naturels à chaque articulation et nécessaires à son entier développement ;
6º Les commandements clairs et précis ;
7º Les recommandations utiles à une bonne exécution ;
8º L'effet physiologique de cette action dans l'articulation ;
9º Les règles principales si importantes à une coordination vraie que cet enseignement demande.

Ne donne-t-il pas la base immuable et facile de la gymnastique rationnelle et méthodique ?

B. — Gymnase mobile

Breveté par arrêté ministériel du 15 mars 1878, n° 44448,
qui a obtenu le diplôme d'honneur de 1re classe à l'Exposition populaire du *Rubens-Kring* (Anvers 1879), et a figuré à l'Exposition nationale de 1880.

DÉFINITION.

I. *Sa dénomination* : GYMNASE MOBILE. — Ainsi nommé parce qu'il satisfait entièrement cette dénomination, la signification de ces deux mots :

1° GYMNASE, il comprend tous les appareils d'un gymnase des mieux conditionnés.

2° MOBILE, il présente la plus grande facilité de locomotion ; il est établi sur des roues et permet ainsi de profiter de toutes les circonstances pour s'exercer en plein air.

II. *Son utilité propre*. — Premièrement les préparatifs assez longs et dispendieux qu'exigent les fêtes populaires de gymnastique pour l'installation des appareils ; deuxièmement, les nombreux inconvénients que la chose présente : dégradations, emplacement défectueux, etc.; troisièmement, la construction de ces portiques qui doivent servir à attacher les appareils, et qui rencontrent bien souvent des difficultés pour les établir dans toutes les conditions de solidité et de facilité que demande la disposition des appareils pour les exercices. Ces considérations font ressortir d'une manière évidente l'utilité du gymnase mobile.

III. *Ses avantages*. — Le premier de ses avantages est de s'adresser à l'enfant comme à l'homme ; le deuxième, qu'on peut y exercer une section de dix élèves à la fois ; le troisième, que toutes les pièces qui le composent se détachent facilement et peuvent, par conséquent, être employées séparément dans un local comme en plein air.

IV. *Son côté pratique*. — J'assure le côté pratique en donnant, premièrement, la nomenclature de tous les exercices aux appareils ; deuxièmement les principes de tous les mouvements — voir mon ouvrage : *Gymnastique rationnelle et méthodique, basée sur le jeu régulier des articulations* — et le côté intuitif en exécutant moi-même tous les mouvements que je prescris. L'exécution de tous ces mouvements repose sur la base incontestable de ma méthode : le jeu régulier des articulations.

V. *Sa construction*. — Sa construction peut être assurée dans toutes les conditions : Solidité, facilité, parfaite installation dans ses détails.

VI. *Le gymnase mobile* peut être construit de manière à comprendre, dans son ensemble, tous les appareils désignés ci-après :

1re SÉRIE.

a. Les barres parallèles basses.
b.   idem.   élevées.
c.   idem.   verticales.
d.   idem.   obliques.

2e SÉRIE.

a. Echelle horizontale.
b.   id. verticale.
c.   id. oblique.
d.   id. de corde.
e.   id. aux échelons vacillants.

3e SÉRIE.

a. Planche horizontale.
b.   id. verticale.
c.   id. oblique.
d.   id. d'assaut.
e.   id. à trous verticale.
f.   id. id oblique.

NOTA. — J'ai un gymnase en petit bien proportionné dans tous ses détails, au dixième de sa grandeur.

4e SÉRIE.

a. Cordes parallèles horizontales.
b.   idem.   verticales.
c.   idem.   obliques.

5e SÉRIE.

a. Mât horizontal.
b.   id. vertical.
c.   id. oblique.
d.   id. à trous, horizontal.
e.   id. id. vertical.
f.   id. id. oblique.

6e SÉRIE.

a. Corde à nœuds.
b.   id. à consoles.
c.   id. lisse horizontale.
d.   id. id. verticale.
e.   id. id. oblique.

7e SÉRIE.

a. Tremplin.
b. Bascule brachiale.
c. Anneaux.
d. Trapèze.

En simplifiant les choses, approprions-les aux circonstances.

APPAREILS, DIMENSIONS ET CONSTRUCTION.

a. — Barres parallèles.
b. — Échelles.
c. — Planches.
d. — Mâts.
e. — Cordes.
f. — Portique.
g. — Appareils pour les sauts.
h. — Vindas et pivot.
i. — Échelle orthopédique.
j. — Chevalet de natation.
k. — Engins ou instruments mobiles.

C. — Corde ascendante et descendante

Brevetée par arrêté ministériel du 5 juin 1879, n° 48399 *b*, qui a obtenu un diplôme d'honneur à l'Exposition populaire du *Rubens-Kring* (Anvers 1879), et a figuré à l'Exposition nationale de 1880.

DESCRIPTION DU PLAN.

La figure première représente l'appareil (vue de face) avec disposition des cordes pour en indiquer le mode d'attache et le mouvement. On y voit les pièces dénommées ci-après, qui font l'objet principal de l'invention.

L'appareil est représenté au dixième de sa grandeur définitive.

Il comprend : 1° deux cylindres munis à leurs extrémités de roues dentées.

a. Mouvement ascendant. — La roue dentée C, d'un diamètre plus grand, sert à transmettre au cylindre B par l'intermédiaire des roues D E le mouvement de rotation imprimé au cylindre A par la traction exercée sur la corde K, qui fait monter les cordes L L' enroulées en sens inverse sur le cylindre B.

b. Mouvement descendant. — Le poids du corps agissant sur la planche transversale R, soutenue par les cordes L L', fait dérouler les cordes en faisant tourner le cylindre B, qui communique au cylindre A par l'intermédiaire de l'engrenage C D E, figure IIe; la corde K s'enroule et par son mouvement contraire sert à diriger le nouvement descendant.

2° Le cliquet H, [pourvu des deux arrêts : N O qui s'engrènent dans les roues dentées F G des cylindres (voir figure III°). Ce cliquet est maintenu par le ressort 1 et mis en mouvement par la corde P, qui agit sur le levier J.

Le cliquet sert à mieux diriger le mouvement descendant, à descendre par degré et à descendre à mouvement à volonté.

3° Le frein S qui sert à modérer la descente et à prévenir le moindre choc (voir la figure V, coupe suivant A B), qui montre le jeu ou cercle S — sur le cylindre A et le levier S' qui fait resserrer ce cercle en même temps que le cliquet H se soulève par le mouvement du levier principal I.

4° Les crochets MM' servent à fixer des cordes pour attacher l'appareil à une barre transversale retenue à l'intérieur d'une fenêtre, d'une lucarne, d'une tabatière du toit ou bien aussi aux crochets de la toiture.

c. La planche R peut être remplacée par une simple barre. — Cette planche large de vingt à trente centimètres permet la position assise. Elle est maintenue dans la position horizontale par quatre cordes. (Voir figure IV.)

Nota. J'ai cet appareil construit et en état de fonctionner.

DÉFINITION SUCCINCTE DE LA CORDE ASCENDANTE ET DESCENDANTE.

Son utilité, ses avantages. — Son utilité est grande, ses avantages sont multiples.

1° Par les mouvements variés que permet cet appareil dont l'exécution peut être réglée sur le jeu régulier des articulations du corps humain, et au moyen desquels tous les muscles peuvent être exercés; cet appareil offre à la gymnastique une utilité incontestable.

2° La corde ascendante et descendante peut être employée avec une grande facilité et avec les plus grands avantages par les peintres, les maçons, les puisatiers, etc.

D'abord par les peintres et les maçons, dans toutes les réparations, les améliorations que nécessitent les murs élevés ; les bâtiments à plusieurs étages et qui exigent pour les effectuer, la construction d'un échafaudage. Tel que pour : le peinturage, le badigeonnage.

Je dis avec la plus grande facilité : parce que facilement on peut faire tenir cet appareil à la partie supérieure d'un édifice quelconque, et comme le montre le plan, cet appareil permet de s'élever et de se laisser descendre à volonté et par degré. J'ajoute avec les plus grands avantages ; ne remplace-t-il pas ces échafaudages dont la construction demande beaucoup de temps et de grandes dépenses et dont l'installation présente bien souvent de grandes difficultés ?

Le puisatier peut l'utiliser avec une égale facilité et avec des avantages aussi grands : pour creuser les puits, des citernes, même des bures, pour les curer, pour les réparer.

D. — Ceinture abdominale.

La divergence d'opinions qui existe au sujet de l'emploi de la ceinture pour les exercices corporels et les avantages bien grands que je lui reconnais pour faciliter l'exécution de certains mouvements dont l'action salutaire est reconnue, ont attiré mon attention sur ce point, et je me suis demandé si l'utilité d'une ceinture ne pourrait être rendue incontestable, car cette diversité d'opinion est pour et contre.

Ceux qui la maintiennent disent qu'une ceinture large de huit à dix centimètres, allant des hanches aux fausses côtes, tient le corps droit et diminue la fatigue de l'épine dorsale dans la région des lombes, et ainsi en contenant les muscles et organes de cette partie du corps, donne plus de force aux premiers et permet aux seconds de supporter avec moins de fatigue, les extensions, les flexions et les rotations du corps.

Si nous considérons chez l'ouvrier l'usage qu'il fait de la courroie, nous remarquons qu'il comprime davantage le corps lorsqu'il doit faire un effort plus grand, et si nous examinons cette courroie, nous voyons le degré marqué par l'usage qu'il en fait fréquemment.

Ceux qui rejettent la ceinture, trouvent que dans la flexion du corps en arrière, la pression que la ceinture imprime refoule les intestins et provoque la hernie.

Je crois obvier à cet inconvénient en proposant la ceinture abdominale, ainsi nommée parce qu'elle couvre l'abdomen et sert à consolider les muscles abdominaux trop faibles en général, et qui n'atteignent ce degré de solidité que par beaucoup de gymnastique.

Voici quelques détails explicatifs de ma ceinture abdominale. Je laisse à la ceinture cette largeur de huit à dix centimètres, j'emploie pour sa confection une étoffe douce, souple, élastique. J'ajoute dans la largeur du ventre, un tablier qui couvre l'abdomen et sert, comme je le dis plus haut, à consolider ces muscles et à garantir les organes délicats de cette portion abdominale contre le contact de corps durs, continuant par deux bandelettes qui passeront sur la partie supérieure des jambes et se réuniront à hauteur des vertèbres lombaires. Cette ceinture, par sa flexibilité, sa souplesse, se prêtera aux mouvements du corps et tout en contenant les muscles et organes, elle maintiendra le corps droit.

Elle trouvera son utilité, non seulement dans les mouvements d'assouplissement, mais à plus forte raison dans les exercices aux engins, et aussi remplacera parfaitement le caleçon de natation, pourra être employée dans l'équitation, et je crois pouvoir ajouter que si son utilité est bien reconnue, cette ceinture abdominale pourra être considérée comme vêtement préservatif.

(Mai 1875. Voir le journal *La Gymnastique* de cette date, n° 5.)

E. — Costume pour gymnaste.

Pour la pratique des exercices corporels, un des points des plus importants à satisfaire est aussi de donner au gymnaste un costume solide, léger et laissant par sa souplesse et par sa coupe proportionnée aux différentes parties du corps, la facilité aux articulations de se mouvoir, dans toute la plénitude dont elles sont susceptibles.

Par exemple :

1° Une *tunique* d'une tournure élégante et gracieuse, dessinant bien les formes, tout en laissant de l'ampleur aux plastrons superposés qui recouvrent la poitrine ; de la largeur aux emmanchures et aux manches une coupe arrondie, large jusqu'au coude et allant en diminuant vers le poignet ; donnant ainsi à la cage thoracique la liberté de prendre son entier développement sous l'action des inspirations profondes, de permettre aux muscles pectoraux, dorsaux, brachiaux une action libre et dégagée de toute étreinte.

2° *La ceinture.* — La taille serait dessinée et soutenue par une ceinture allant en largeur des hanches aux fausses côtes, renforcerait cette partie du corps en soutenant l'épine dorsale dans la région des lombes, en contenant les organes du ventre ; et en comprimant les muscles abdominaux d'après les efforts plus ou moins grands. Elle permettrait ainsi à ces organes délicats de supporter avec moins de fatigue les flexions et les rotations du corps et donnerait plus de force aux muscles. Au moyen de la courroie, cette ceinture pourra se serrer à volonté d'après les besoins de l'effort. Comme le fait l'ouvrier avec sa courroie.

3° *Le pantalon*. — Le pantalon d'un tissu souple, léger, élastique, mais résistant, le coutil par exemple, devra avoir à hauteur des hanches une ampleur suffisante pour donner une liberté entière aux mouvements des hanches, et les jambes allant en diminuant devront avoir une largeur suffisante jusqu'au bas de l'articulation du genou; pour permettre à cette articulation les mouvements les plus prononcés.

4° *La chaussure*. — Une chaussure légère et se prêtant bien aux mouvements du pied par la souplesse du cuir, de la peau ou d'un tissu quelconque. Le talon sera soutenu par la raideur du contre-fort, la semelle sera assez large, et la pointe par ses dimensions permettra le jeu facile des orteils.

Les orteils comprimés par une chaussure trop étroite font ressentir des douleurs assez fortes, et souvent même insupportables. Ce malaise des pieds se communique non seulement au physique, mais aussi au moral et empêche le gymnaste de se livrer aux exercices avec toute l'ardeur et l'élan désirables.

5° *Une coiffure* légère d'une forme élégante et gracieuse; sa forme régulière serait soutenue par la raideur de la coiffe.

Une mentonnière en cuir souple et verni pouvant, retenue par les coulants, se replier sur la visière.

Des insignes représentant un bâton, haltères et massue, se croisant et entrelacés par une corde, le tout surmonté d'un lion couché.

Une cocarde tricolore pourrait être placée au-dessus de ce petit trophée.

F. — Le Dynamomètre.

Définition. — Donner au professeur de gymnastique le moyen de contrôler la force acquise par son élève par la pratique des exercices pendant un laps de temps déterminé, c'est le mettre à même pour son cours pratique, de renseigner les parents sur le développement physique de leur enfant; comme un autre professeur fait connaître à la fin d'un semestre ou d'une année scolaire les progrès réalisés dans la branche qu'il est chargé de lui inculquer.

Ce moyen que je propose est le « *Dynamomètre.* »

G. — Plan d'un gymnase type.

Définition. — Un gymnase spacieux, bien aéré, planchéié, recevant une lumière abondante, et pouvant être légèrement chauffé pendant la saison humide et froide. Une salle de gymnastique répondant bien, dans son ensemble, à sa double destination hygiénique et récréative.

L'air, la *lumière*, *l'espace*, sont bien les conditions premières et des plus importantes que doit réunir une salle de gymnastique.

1° *L'air* est l'élément qui apporte le concours le plus puissant aux exercices musculaires pour remplir leur mission régénératrice et fortifiante. L'un de ces effets le plus hygiénique, surtout par son opportunité, est de permettre à l'élève qui doit recevoir cette leçon de gymnastique entre les heures de classe, de profiter des nombreuses et profondes inspirations que provoquent les exercices, et de mettre ainsi le sang en contact avec cet air pur qui est chargé de le purifier et de le vivifier en le débarrassant de son principe contraire, le carbonne, et en lui cédant cet oxygène qui lui rend les qualités propres à recommencer son évolution reconstituante.

2° *La lumière.* — Je demande pour la salle de gymnastique une lumière abondante, parce que je considère cette condition comme pouvant exercer l'influence bienfaisante sur l'esprit des élèves ainsi que sur leurs dispositions physiques pour se livrer aux exercices gymnastiques qui retirent de si grands avantages de cet élan spontané et résolu. La lumière est indispensable au côté attrayant que doit nécessairement avoir un gymnase et permettra aussi, cette nécessité impérieuse, au professeur de surveiller l'ensemble et de permettre à chacun la précision dans l'exécution des mouvements aux engins et aux appareils.

3° *L'espace.* — L'espace permet de se mouvoir à l'aise. C'est une des premières nécessités que réclame une salle de gymnastique.

L'espace permet de donner une place à chaque appareil et de mettre chaque chose à sa place. C'est de l'ordre.

L'espace, enfin, permet de disposer les élèves pour ces exercices d'ensemble qui doivent, pour des considérations multiples, prédominer surtout dans la gymnastique scolaire ; de donner une place suffisante à chacun pour exécuter tous les mouvements avec l'entière plénitude qu'une bonne exécution demande. On pourra aussi répartir la classe en un plus grand nombre de groupes, et accorder ainsi une plus grande variété dans les mouvements.

Les avantages d'un gymnase spacieux sont très nombreux et d'une utilité première. J'ose espérer que les quelques considérations qui précèdent suffiront pour faire ressortir l'importance de cette condition d'un bon gymnase.

Le gymnase sera planchéié. J'accorde la préférence au plancher, parce que, dans toutes les circonstances, le saut avec élan fait exception, le gymnaste doit être à même d'assurer l'exécution du mouvement qu'il entreprend, un enseignement rationnel et bien gradué doit l'y conduire et peut prévenir, en se conformant aux recommandations gymnastiques, tous les chocs brusques.

Les autres matières plus résistantes donnent un sol trop rude et bien souvent irrégulier, et l'emploi de la sciure de bois, du tan, etc., retirent à la salle de gymnastique son bien le plus précieux, la pureté de l'air. Les paillassons, les carpettes et autres tapis qu'on a souvent conseillés, ont aussi d'autres inconvénients ; ils entravent la marche et exposent à des chutes.

Sauts. — Un endroit de 3 à 4 mètres, non planchéié, et recouvert de tan, sera réservé pour les sauts avec élan, à l'extrémité du gymnase opposée à l'entrée.

DESCRIPTION. — Pour un effectif moyen de 60 élèves par classe, je donne à la salle de gymnastique les dimensions suivantes :

1° 24 mètres de longueur sur 12 mètres de largeur.

2° 2 $1/2$ mètres sont réservés le long des deux côtés longitudinaux pour le placement des appareils.

3° 3 $1/2$ mètres non planchéiés, mais recouverts de tan ou de sciure de bois, servent pour les sauts en longueur avec élan et tremplin.

4° Des galeries longeant les longs côtés du parallélogramme sont placées au-dessus des appareils à 4 $1/2$ mètres de hauteur, elles ont la même largeur de 2 $1/2$ mètres.

On aura accès à ces galeries par des escaliers placés à la droite et à la gauche de l'entrée.

Ces galeries sont soutenues à cette hauteur de 4 $1/2$ mètres par des montants solides et cette charpente résistante servira à attacher les appareils.

Les rateliers pour armes, engins ou instruments mobiles, seront attachés ou suspendus derrière certains appareils, contre les murs des longs côtés.

Les murs du gymnase seront badigeonnés à la chaux blanche et collante. La couleur serait certainement préférable. Toutefois il est utile de soutenir le bas des murs par un enduit résistant ou mieux encore par un lambris en bois d'une hauteur d'un mètre environ, dans l'intérêt de la propreté et de la bonne conservation des choses.

La *ventilation*. Ce point important est assuré par les nombreux moyens suivants :

1° D'abord l'air pourra se renouveler au-dessus de la tête des élèves par la partie supérieure des grandes fenêtres, qui rempliront l'office de vasistas, en basculant sur une barre transversale placée au milieu de cette partie cintrée ;

2° Les petites fenêtres cintrées des galeries pourront s'ouvrir par le même moyen ;

3° Les lucarnes du toit inférieur pourront aussi entretenir un courant d'air à cette partie supérieure ;

4° L'ouverture qui sépare la partie supérieure de la toiture est de 40 à 50 centimètres ; elle remplira continuellement à cette partie supérieure l'office de ventilateur.

Cette partie serait vitrée et ajouterait encore à la clarté du local.

CONSTRUCTION DES APPAREILS. — Les appareils seront d'une solidité assurée dans les moindres détails, par une construction soignée et l'emploi de matières de bonne qualité.

Les dimensions que ces appareils doivent avoir pour répondre aux exigences de cet enseignement, seront strictement observées.

Les appareils seront examinés par une commission compétente qui aura le devoir de s'assurer, avec la plus scrupuleuse attention, de leur état parfait ; car le manque de soin d'un constructeur compromet la responsabilité du professeur et l'existence du gymnaste.

Construction et entretien des appareils et engins gymnastiques.

La construction des appareils et des engins gymnastiques est sans contredit un des points les plus importants à surveiller. Il sera assuré, ce point essentiel, par des dimensions reconnues bonnes et bien proportionnées aux différentes parties du corps qui doivent s'y exercer ; la solidité sera assurée par l'emploi de matières solides, et par une fabrication soignée dans ses moindres détails.

C'est évidemment au professeur de gymnastique qu'incombe ce soin ; non seulement ses connaissances spéciales et son expérience de chaque jour lui permettent et lui font un devoir pressant d'apporter les modifications reconnues d'une certaine utilité dans la disposition des nombreuses pièces que comprennent ces machines qui doivent servir à développer les forces musculaires, mais encore et surtout à entretenir dans les pièces et les organes l'uniformité et la régularité de leurs formes et de leur agencement.

Un appareil qui exigerait une position forcée désordonnée pour l'exécution d'un mouvement irait non seulement à l'encontre du bien que, par ses exercices, il est appelé à rendre, mais finirait par compromettre l'harmonie de l'ingénieuse charpente du corps humain.

CONSTRUCTION DE MACHINES GYMNASTIQUES.

ORDRE.	DÉSIGNATION DES APPAREILS.	DIMENSIONS			Écartement des échelons.	OBSERVATIONS ET DÉTAILS DE CONSTRUCTION.
		Long.	Larg.	Haut.		
a.	Barres parallèles	des barres 3m,00	écartement 40 à 47	variable 80 à 1,20	»	Chaque barre (*) sera faite d'un brin (*) c'est-à-dire de la 1re pousse(1) du chêne.
»	» basses	plancher 3m,30	l. 0,60	traverse l. 1m,10	»	Les barres seront arrondies et un peu aplaties sur les côtés. Elles auront cinq centimètres de diamètre.
»	» élevées	3m,00	» 48	1m,60 du sol	»	Ces barres seront carrées, la partie supérieure arrondie elles seront en chêne et mesureront 0,06 c. en haut. et 0,4 en larg.
»	ou de suspension » verticales	» totale 4m,50	» 45	» du sol 4m	»	Ces barres auront 6 c. de largeur sur 5 d'épaisseur et seront applaties sur les côtés et arrondies en avant et en arrière.
»	ou droites » obliques.	» 6m,	» » 45	» inclinée 5m	» »	Ces barres auront 7 cent. de largeur sur 5 d'épaisseur. Elles seront carrées en bas et la partie supérieure arrondie.
»	ou inclinées » vacillantes	» 4m,50 à fleur de sol.	» » 40	» 4m,50 au sol	» »	Ces barres seront arrondies et auront un diamètre de 4 1/2 cent. (*)N. Toutes ces barres seront bien unies surtout la partie supérieure doit être lisse.

(1) Pousse : c'est-à-dire le premier jet d'un arbre ou brin.

ORDRE.	DÉSIGNATION DES APPAREILS.	DIMENSIONS			Écartement des échelons.	OBSERVATIONS ET DÉTAILS DE CONSTRUCTION.
		Long.	Larg.	Haut.		
b.	Echelle horizontale	3m,00	0m,48	1m,60	0m,30	Cette échelle doit être très solide et construite en chêne, échelon : 0,03 cent. de diam.
»	» verticale	totale 4m,50	0m,50	du sol 4m,00	0m,20	Idem. idem.
»	» oblique	6m	0m,45	inclinée 5m,00	0m,25	Ces échelons auront aussi 0,03 c. de diam. Idem. idem.
»	» de corde	4m,50	»	4m,50	0m,25	La corde sera de très bonne qualité et les échelons seront solidement fixés.
»	» mixte	4m,50	»	4m,25	0m,25	Idem.
»	» aux échel. vacillants	4m,50	» de la p.	4m,50	0m,28	Les échelons en bois auront 0,05 c. de diam. La corde sera forte et plus grosse. Les échelons seront solidement fixés.
»	» orthopédique	2m,50	0m,35	2m,50	0m,15	La planche sera bien unie et aura une épaisseur de 0,07 c. pour faire ressortir la poitrine.

(*) *Nota.* Tous ces échelons seront solidement fixés dans leur alvéole.

ORDRE	DÉSIGNATION DES APPAREILS.	DIMENSIONS				OBSERVATIONS ET DÉTAILS DE CONSTRUCTION.
		Long.	Larg.	Haut.	Épaiss.	
c.	Planche horizontale	3m,00	0m,50	1m,60 du sol	0m,06	Cette planche aura une coupe très régulière et sera bien unie.
»	» verticale	5m,00	0m,50	4m,50 au sol	0m,05	Idem.
»	» oblique	6m,00	0m,50	5m,00 inclinée	0m,06	Idem.
»	» d'assaut	4m,50	0m,30	4m,50	0m,03	Idem. Les rainures seront profondes et arrondies.
»	» à trous verticale	5m,00	0m,20	1m,50 au sol	0m,07	Idem. Les trous auront une inclinaison de 30 degrés. Ils seront bien unis et forés de manière à rendre facile l'entrée des chevilles.
»	» à trous oblique	6m,00	0m,60	5m,00 inclinée	0m.08	
d.	Mat horizontal	7m,00	diam. 0m,30	1m,50 du sol	»	Le mat sera d'une forme régulière et bien uni.
»	» vertical	7m,00	0m,25	4m,50 du sol	»	Idem.
»	» oblique	8m,00	0m,28	7m,00 incliné	»	Idem.
»	» à trous horizontal	7m,00	0m,30	1m,50 du sol	»	(*) Idem.
»	» à trous vertical	7m,00	0m,25	7m,50 du sol	»	(*) Idem.
»	» à trous oblique	8m,00	0m.35	7m,00	»	(*) Idem.
e.	Cordes parallèles horizontales	4m,00	0m,50	2m,50 du sol	»	Ces cordes seront très solides et bien faites, de manière que le contact n'en soit pas trop rude. Elles auront pour le moins une grosseur de 2 cent. Les anneaux d'attache seront solidement fixés et les bouts qui frottent sur le sol seront solidement terminés par un nœud bien assuré, ou par une boule en bois.
»	» » verticales	4m,50	0m,15	4m,00 du sol	»	
»	» » oblique	6m,00	0m,15	5m,00 inclinées	»	
»	Corde horizontale	4m,00	»	2m,50	»	
»	» verticale	4m,50	»	4m,00	»	

(*) Nota. Ces trous devront avoir 30 degrés d'obliquité et répondre à la forme de la cheville.

ORDRE.	DÉSIGNATION DES APPAREILS.	DIMENSIONS			OBSERVATIONS ET DÉTAILS DE CONSTRUCTION.
		Long.	Larg.	Haut.	
e.	Corde oblique	$6^m,00$	»	$5^m,00$ inclinée	Cette corde sera très forte et aura un diamètre de 0,03 cent.
»	» à nœuds	$4^m,50$	»	$4^m,50$	Les nœuds de cette corde seront assez saillants pour permettre aux pieds de trouver un appui.
»	» à consoles	$4^m,50$	»	$4^m,50$	Les consoles doivent être solidement fixées à la corde par des broches transversales. La partie supérieure sera plate et assez large.
	Instruments mobiles				
f.	Tremplin	$1^m,45$	$0^m,40$	»	Les supports ont 55 cent. de haut sur 57 de long. La barre longue soutenant la planche a 2 m. 70 cent. La planche aura de l'impulsion mais aussi de la résistance.
g.	Bascule brachiale	appui $2^m,80$	$0^m,15$	$0^m,60$ du sol	La barre transversale soutenant les 2 poignées a 3 mètres de long. Les poignées dépassent la barre de chaque côté de 12 c. Les extrémités de ces poignées seront arrondies et grossies.
h.	Anneaux	$2^m,00$ des cord^{es}	$0^m,50$	$1^m,80$ du sol	Les anneaux seront un peu plus gros du côté du bas.
i.	Trapèze	$2^m,00$ des cord^{es}	$0^m,60$	$1^m,70$	La barre sera faite d'un premier jet du chêne et aura au moins 0,09 c. de circonférence.
j.	Appui p^r les sauts en profondeur	$2^m,50$	$0^m,50$	$2^m,30$	La hauteur des degrés doit être de 0,15 cent. et sa largeur de 0,25 cent.
k.	Cheval-sautoir.	$1^m,10$	h. $0^m,28$ l. $0^m,33$	»	Le cheval-sautoir sera recouvert de très bon cuir. Il aura des formes très bien arrondies. Il reposera sur un plancher massif de 1^m40 de long sur 70 c. de larg. et 12 d'épaisseur, arrondi sur les bords. Ce plancher supportera 4 montants verticaux.
l.	Tabouret sautoir » mobile	$0^m,80$	tabouret $0^m,40$	$1^m,00$ peut atteindre à cette hauteur	La vis verticale pour soutenir les efforts aura un diamètre de plus de 0,06 cent. Ces tabourets doivent être recouverts d'un tissu des plus résistants.
m	» fixe	$0^m,80$	$0^m,50$		

ORDRE.	DÉSIGNATION DES INSTRUMENTS.	DIMENSIONS			OBSERVATIONS ET DÉTAILS DE CONSTRUCTION.
		Long.	Larg.	Haut.	
n.	Vindas	5m,00		5m,00	Le vindas est une perche solide ayant de 10 à 15 centimètres de diamètre à sa base. Il sera placé à côté du portique.
o.	Pivot	rond. 0m,45 de circ.	0m,15	des cord^{es} 4m,50	Le pivot permet les mêmes mouvements que le vindas, mais ce pivot pouvant se fixer aux poutrelles, il sera utilisé au gymnase.
p.	Chevalet de natation	fermé 1m,00	ouvert 0m,50	0m,80	Ce chevalet est formé de 4 montants tenus à distance par des traverses et réunis à leur extrémité supérieure par un tissu résistant de 50 cent. de largeur sur 40 cent. de longueur, sur laquelle l'élève se couche pour faire les mouvements préparatoires.
q.	Montants pour marquer les degrés du saut.	3m,00	0m,05	3m,00	Ces montants ont de cinq en cinq centimètres, un trou un peu incliné, percé d'outre en outre pour recevoir la cheville qui doit soutenir la ficelle devant marquer le degré du saut en hauteur.
	Engins.				
r.	Bâtons à lutter	0m,25	0m,35	»	Ces petits bâtons seront bien unis.
s.	» p^r les exercices	1m,25	0m,03	»	Ces bâtons seront très solides et en bois de chêne.
t.	Barre à sphère en bois	1m,30	0m,04	»	Le poids des barres à sphères variant de trois à dix kilogrammes avec une différence d'un kil.
u.	Perche à lutter	2m,80	0m,045	»	Ces perches devront être construites autant que possible d'un brin, c'est-à-dire la 1re pousse
v.	Corde id. {petite {grande	5m,00 10m,00	0m,035 0m,035	» »	Cette corde sera solide et bien tordue.
w.	Haltères				Ces haltères seront autant que possible par différence d'un 1/2 kilog. jusqu'à 10 kilog. Le poids des massues sera également varié. Ces engins seront polis, et la poignée aura une forme arrondie.
x.	Massues { g. { m. { p.	0m,70 0m,55 0m,50	0m,45 0m,40 0m,38	» » »	
y.	Barres à sphères en fer	1m,60	10 kil. à 30 kil.		Ces barres à sphères en fer de 10 à 30 kilogrammes seront graduées de un à deux kilogrammes.

Entretien du matériel et propreté du gymnase.

A. *Entretien des appareils et des engins.* — Le matériel qui doit servir au développement physique des nombreux élèves d'un établissement, demande du professeur de gymnastique une attention toute spéciale. Il doit chaque jour s'assurer avant ses leçons, de la solidité des appareils et de leur bon état de conservation.

Il retirera l'appareil qui ne présenterait plus toute la sécurité désirable pour l'exécution.

Il veillera à la propreté du matériel et en surveillera le parfait entretien.

Il est important dans l'intérêt de l'hygiène de nettoyer souvent le gymnase en enlevant la poussière des charpentes, des appareils et des meubles, et en essuyant les engins et un instant après en arrosant le plancher; on pourrait au moyen d'un torchon mouillé enlever toute cette poussière. Par ces soins de propreté, on entretiendrait la parfaite salubrité de cette salle de gymnastique.

Le portique.

DÉFINITION. — Le portique est une charpente solide, comprenant deux ou trois montants enfoncés profondément dans le sol, et d'une barre longitudinale soutenue par ces montants.

Le portique a le grand avantage de permettre au professeur d'exercer, en plein air, les élèves à tous les appareils; principalement aux appareils de suspension.

Ce portique doit être placé dans la cour et à proximité du gymnase, pour faciliter le déplacement des appareils.

Sous le portique et dans toute sa longueur il sera creusé un fossé d'une profondeur de 35 à 45 centimètres; pour y mettre du tan, de la sciure de bois, ou préférablement du sable fin. Pour que ce sable ou ces matières ne se mêlent pas avec la terre, on damera fortement le fossé, et si le sol est peu résistant, on pourra faire un mélange de chaux et de gravier pour le consolider.

Ces matières devront être remuées et nivelées avant les leçons.

Ce fossé pourra servir pour les sauts en profondeur, et pour les sauts en longueur avec élan. On pourra aussi y mettre le cheval-sautoir et les tabourets pour les sauts avec appui.

Description. — La charpente d'un grand portique comprend trois montants soutenant la barre longitudinale.

Cette charpente demande une grande solidité, elle sera construite en bois de chêne.

Les deux montants extrêmes auront une forme carrée ou polygonale.

La base de chaque montant est enfoncée dans le sol à une profondeur de deux mètres environ.

Celui du milieu qui aura la forme arrondie, et qui remplacera le mât et même le mât à trous, aura la base enfoncée d'environ trois mètres.

Ces bases qui doivent entrer dans le sol et assurer la stabilité du portique, sont consolidées par des arcs-boutants solides, et seront protégées contre l'humidité du sol par une couche épaisse de goudron de Norwège.

Ces montants auront une hauteur de 6 mètres sur une grosseur de 35 centimètres.

La longueur de la barre longitudinale qui est la longueur totale du portique est de 20 mètres, sa largeur de 30 centimètres.

A cette barre seront fixés des crochets formant la spire, pour y assurer l'appareil de suspension qui aura un anneau à chacune de ses extrémités supérieures.

L'échelle mobile, d'une hauteur de 7 mètres, pourra servir à disposer ces différents appareils à l'endroit où il doit être pour l'exécution facile des mouvements particuliers qu'il permet, et par la disposition de ses moyens d'attache.

On pourra encore employer un autre moyen pour placer et suspendre ces cordes, ces barres, ces échelles, etc. Ce moyen permet à trois élèves de s'en occuper en même temps. Le premier élève monte, porteur d'un appareil, par l'échelle verticale placée contre le montant pour l'accrocher au premier crochet.

Le deuxième élève prend un autre appareil qu'il porte sur le bras ou sur l'épaule, ou bien encore qu'il peut s'entrelacer à la taille et grimpe par le mât pour aller mettre cet appareil comme l'a fait le premier.

Enfin le troisième, suivant l'exemple de ses deux condisciples, prend le troisième montant qui est pourvu d'échelons contrariés, et va aussi assujettir son objet. Pour continuer le placement des autres appareils, les trois élèves descendent chacun par l'appareil qu'ils ont fixé; pour en recevoir un autre et en continuer ainsi le mode de placement en passant d'un appareil à l'autre.

Voici la liste des appareils qui peuvent s'attacher au portique :

a. Les barres vacillantes.
b. Les anneaux.
c. La corde à nœuds.
d. Le trapèze.
e. La corde lisse simple.
f. La corde lisse double.
g. La corde à consoles.
h. L'échelle de corde.
i. L'échelle mixte.
j. L'échelle aux échelons-vacillants.
k. L'échelle verticale.
l. L'échelle aux échelons contrariés.
m. Le mât à trous.

Nota. — Le vindas sera placé à proximité du portique.

TABLE DES MATIÈRES.

But de l'ouvrage . . . . Page 5
Distribution de l'ouvrage 7
La gymnastique 9
Anatomie et physiologie 12

Première Partie.

CHAPITRE Ier. — Étude des os (ostéologie) 13
    Système osseux comme base de l'appareil du mouvement. —
    Division du squelette 14
    Division des articulations 23
CHAPITRE II. — Étude des ligaments (syndesmologie) . . 25
    Division des articulations mobiles . . . . —
    Étude des formes articulaires 28
    Classification des articulations 30
    Répartition des articulations 31
CHAPITRE III. — Étude des muscles (myologie) 33
    Système musculaire comme force active . . . . —
    Disposition et action des principaux muscles 34
CHAPITRE IV. — Étude des aponévroses 46
CHAPITRE V. — Étude des nerfs (névrologie) 47
CHAPITRE VI. — Vie végétative ou de nutrition 49
    La digestion . . . . —
    La respiration 54
    Les secrétions 55
CHAPITRE VII. — Étude de l'appareil circulatoire . . . 57
    De la circulation (le cœur, les artères, les veines) . . —
    Circulation lymphatique 59

CHAPITRE VIII. — Assimilation . . . . Page 60
CHAPITRE IX.— Description succincte des sens (esthésiologie) 61
    Le tact. . . . . —
    La gustation. 62
    L'olfaction. 63
    L'audition . . . . —
    La vision 64
    La voix. 67

Deuxième Partie.

Productions originales de l'auteur 69
Tableau synoptique des mouvements du corps humain basés sur
    le jeu régulier des articulations 70
Gymnase mobile. 71
Corde ascendante et descendante 73
Ceinture abdominale. 75
Costume pour gymnaste 77
Dynamomètre pour mesurer la force de traction et de pulsion. 78
Plan d'un gymnase modèle 79
Construction et entretien des appareils et engins gymnastiques. 83

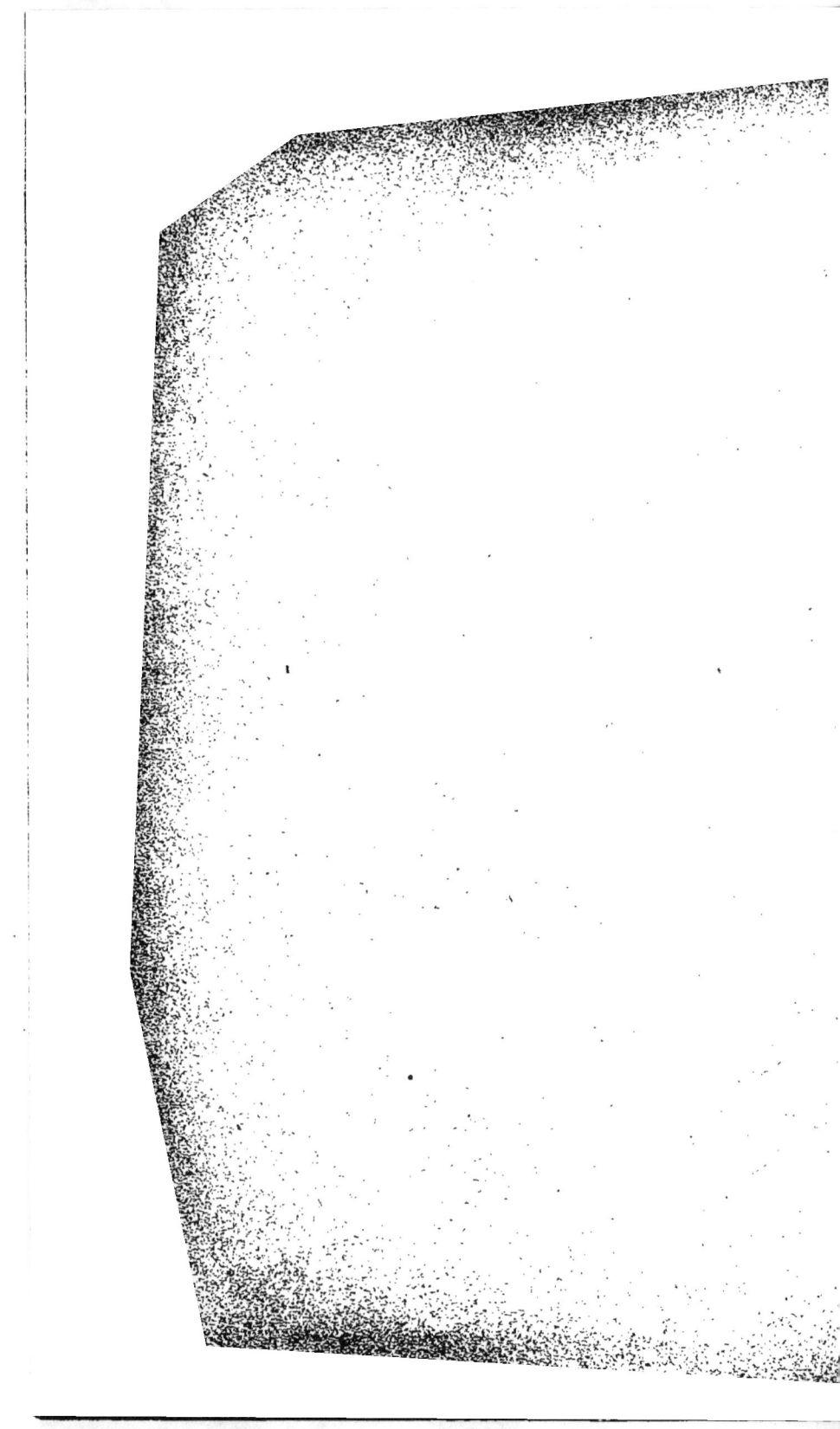

www.ingramcontent.com/pod-product-compliance
Lightning Source LLC
Chambersburg PA
CBHW070534100426
42743CB00010B/2078